スペシャリスト直伝!

小学校
家庭科授業
成功の極意

勝田 映子 著

明治図書

はじめに

●子どもが輝く授業をつくるために

　子どもは家庭科が大好きです。その魅力は大きく言って３つあります。

　まずは，実践的・体験的な活動を通して学ぶおもしろさです。活動の中で，子どもはさまざまな発見や感動をします。しかもそれらは個々に違います。だから，友達はどうしたか何を見つけたのか，たまらなく知りたくなります。

　そして交流してみると，さらに新たな発見があったりします。また，友達とは違う思いがけない「自分らしさ」を確認できるおもしろさもあるのです。

　２つめは，働きかける楽しさです。１このじゃがいもからポテトサラダを作り出したり，１枚の布を手提げ袋に変えたりするおもしろさ。また，自分が作った物が友達や家族を喜ばせる醍醐味や達成感。物や場所や人に働きかければ必ず返ってくる手応えとやりがいとが子どもを成長へと導きます。

　３つめは，創造する楽しさです。生活は日々何の不足もなく当たり前に過ぎて行きます。しかし，立ち止まってよく見つめてみると，当たり前だと思っていたことの陰にさまざまな問題が潜んでいることに気づいたりします。実はもうひと手間かけることで，暮らしはぐんと豊かなものになったりするのです。生活を新たに創造する学びは，いま・ここの必要を超えて，将来にまた地球全体にわたってよりよい暮らしを創り出す力ともなるのです。

　こうした喜びと豊かさの中で，子どもは家庭科を学んでいます。教師は，こうした子どもの思いや願いに真摯に応えていきたいものです。そのためには，教師自身が家庭科の学習について，また授業作りについて学び続けていく必要があります。

　本書は，家庭科の授業を初めて指導する先生や学生の皆さんからベテランの先生方まで，家庭科の学習を子どもにとって豊かで楽しいものにしたいと願う方々のニーズに少しでもお応えしたいと執筆したものです。初めて家庭科を指導される皆様のことも考え，家庭科の目標や学習の進め方や用意しておくとよい物のような基本的な事柄も記してあります。

また，何度か指導された経験のある先生方にとっても，新たな授業開発の
ヒントにしていただけるように，学習指導の具体的な方法や，ワークシート
例を入れてあります。

　家庭科では，子ども達に衣食住などを中心とした日常生活に必要な知識・
技能を身に付けさせ，生活的な自立の基礎を育てようとしています。また，
社会の変化の激しい今日にあって，それらに流されるのではなく主体的に対
応しながら生活できる力や，身近な生活をよりよくしようと課題を解決して
いく力を育てることを目指しています。このような家庭科教育を通して，1
人でも多くの子どもたちが，生きる力を確かに蓄え，家庭生活を大切に思う
心豊かな生活者として育っていくことを願ってやみません。本書が，多くの
関係者の皆様に活用され，子どもが輝く家庭科の授業の展開に少しでも資す
ることができましたら幸いです。

●本書の構成について

・第1章では，家庭科の目標や学び方の特徴などをQ＆A方式で，なるべ
く具体例などを挙げながら分かりやすく記しています。
・第2章では，第5学年，第6学年の学習指導の展開例とワークシート例
とを載せ，指導上の留意点について詳しく記しています。
・家庭科の指導に慣れておられない先生方でもすぐに授業に役立てていた
だけるように効果の上がる教材，教具，資料なども実践例に基づいて示
しています。
・アクティブ・ラーニングとしての家庭科の魅力に触れていただくために
さまざまな活動例についても紹介しています。

　最後になりましたが，教師としての私を育ててくれた子どもたちや先生方，
支えてくれた家族そして粘り強く編集の労をとってくださった明治図書の杉
浦美南・木村悠・広川淳志のお三方に心からお礼申し上げます。

平成28年4月

勝田　映子

Contents

第1章 Q&Aで分かる！ 家庭科授業づくりのアドバイス

Q1 家庭科では2年間でどんなことをおさえればよいでしょうか？ … 8

Q2 家庭科の授業づくりの特徴って何でしょうか？ … 10

Q3 家庭科でも「言語活動の充実」は関係あるのでしょうか？ … 12

Q4 他教科や道徳とは，どんな関係があるのでしょうか？ … 14

Q5 指導計画はどのように作ればよいでしょうか？ … 16

Q6 家庭科室には，どのような物を揃えたらよいでしょうか？ … 22

Q7 家庭環境が複雑な子どもがいます。どんな配慮が必要ですか？ … 26

Q8 安全指導はどうすればよいでしょうか？ … 28

Q9 実習の班編制の前に準備したり，考えておくことはありますか？ … 34

Q10 特別な支援が必要な児童への対応にはどのようなものがありますか？ … 36

Q11 実習に時間がかかり，休み時間がなくなります。どうすればよいでしょうか？ … 38

Q12 児童の技能差が大きく，時間内で終わりません。どうすればよいでしょうか？ … 40

Q13 自分自身，調理や裁縫ができず，不安です。 … 42

Q14 学校の備品が故障しやすくて困っています。 … 44

Q15 子どもの忘れ物が多くて実習に影響が出てしまいます。忘れ物防止の工夫を教えてください！ … 46

Q16 調理実習の評価はどうすればよいでしょうか？ … 48

Q17 家庭生活への関心・意欲・態度の評価はどのようにすればよいでしょうか？ … 50

Q18 生活を創意工夫する能力の評価はどのようにすればよいでしょうか？ … 52

第2章 実生活に役立つ！ 題材別・家庭科授業のアイデア50

学習準備・ガイダンス

1 家庭科はじめの一歩！(1) 家庭科カルテを作ろう！ … 54

5

2 家庭科はじめの一歩！(2)　最初の授業 GO！GO！家庭科室探検 … 56

3 家庭科はじめの一歩！(3)　学習班はどう作ればよい？ … 58

4 家庭科はじめの一歩！(4)　学習用具はどう用意させればよい？ … 60

5 家庭科はじめの一歩！(5)　めざせ！身じたくマスター … 62

6 家庭科はじめの一歩！(6)　家庭科の授業のつくり方 … 64

7 家庭科って何？(1)　ゆで野菜のサラダから考えよう … 66

8 家庭科って何？(2)　どうして5年生から始まるの？ … 68

A　家庭生活と家族

9 ロールプレイング　お留守番コーチへの道 … 70

10 10分間仕事で家のコト探検 … 72

11 ポップコーンとお茶で団らんしよう！ … 74

12 子どもが大好き！　調理の基礎も学べる団らんのおやつ … 76

13 炊飯器ケーキと紅茶で団らんしよう！ … 78

14 ごみ置き場でどうしてる？ … 80

B　日常の食事と調理の基礎

15 お茶名人からの挑戦状 … 82

16 どんな食べ方がよいのかな？ … 84

17 実験で調べよう　食品の主な栄養素 … 86

18 実物大写真でおすすめのランチ … 88

19 どこでもおいしい炊飯で防災力も UP！ … 90

20 英語で炊飯　How to prepare Boiled Rice … 94

21 顆粒だしのひみつ … 96

22 すご〜く簡単　手前味噌作り … 98

23 健康な食生活のために　どっちが減塩？味噌汁味くらべ … 100

24 日常生活に活用する力を培う　3種類で作る野菜いため … 102

25 日常生活に活用する力を培う　調理の評価をどうする？ … 104

26 児童にとっても教師にとってもよい振り返りを促す　調理実習に ICT を使おう！ … 106

27 調理実習で「考える力」を育てる … 108

Contents

28 あったか野菜スープを作ろう … 110

29 ゆでる・いためる・蒸らす　一挙三得のジャーマンポテト … 112

30 買い物から調理・後片付けまで　エコ・サンドイッチでおもてなし … 114

C　快適な衣服と住まい

31 衣服への関心を高める　ボタンのひ・み・つ … 116

32 生活を多角的な視点から考える　手洗いVS洗濯機比べて考えよう … 118

33 生活を多角的な視点から考える　洗濯は進化している―昔の頭で教えてはだめ― … 120

34 実験で調べよう！　洗濯のひみつ … 122

35 どの子もできるようになる　手縫い指導のコツ … 124

36 おそろいをプレゼント　手縫いってあったかいな … 128

37 これでバッチリ！　ミシン縫いの指導のコツ … 130

38 2回縫えばできあがり！　すぐれものの作品集 … 132

39 隠れているのはどこだ？　いざ！家庭科室よごれ探検 … 136

40 秘伝！ぞうきんの術をマスターしよう … 138

41 あったかアドバイザーになろう … 140

42 通風実験装置を作ろう … 142

43 においは換気　涼しいのは？　通風プランナーになろう！ … 144

44 夏子さんにアドバイス　「涼しさ」を調べてプレゼンしよう … 146

D　身近な消費生活と環境

45 失敗の原因を分析してみよう … 148

46 デシジョンツリーで考えよう　きみなら買う？買わない？ … 150

47 KJ法で考えよう　おみやげの買い物名人はだれ？ … 152

48 品質表示を作って　寒天ゼリーパーラーを開こう！ … 154

49 エコポイントをためてお祝いしよう … 156

50 エコすごろくを作ろう … 158

7

第1章 Q&Aで分かる！家庭科授業づくりのアドバイス

Q1 家庭科では2年間でどんなことをおさえればよいでしょうか？

Answer

●生活における自立の基礎を培う

「生活における自立の基礎」とは、第1に知識や技能を活用して衣食住をまかない、日々の生活の営みを大切にする態度を持つとともに、生活の質（quality of life）をさらに高めようとする意欲とを持つことです。

第2に身近な生活の中で関わる自然やもの、家族や近隣の人々と豊かで温かい関係を築くことです。

そして第3には、周囲との互恵的な関係の中で、自分らしさを発揮していく創造的な実践力を持つことです。「自立」と「共生」と「生活の創造」。この3つが揃って初めて「生活における自立の基礎」を意味するのです。

特に「自立」と「共生」とは切っても切り離せない関係にあります。教科の目標の中に「家族の一員として」という文言が入っている意味はここにあります。自分だけでなく家族や近隣との関わりの中で目標をつかんでいくのです。

「生活の自立の基礎を培う」とは、「生活の自立」を目指して、生活の中から課題を見つけ、習得した知識や技能を生かして解決を図り、生活をよりよく自分らしく工夫しようする実践的な態度を培うことなのです。

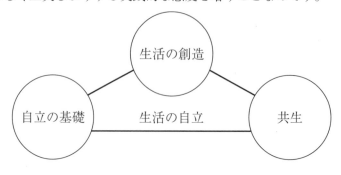

第1章　Q&Aで分かる！家庭科授業づくりのアドバイス

●家庭生活を大切にする心情をはぐくむ

　「家庭生活を大切にする心情をはぐくむ」とは，まず日頃見過ごしがちな家庭生活への関心を高めることです。そこには，人，もの，時間，金銭などの要素と生活行為とがあります。こうした生活の「事実」に気付かせ，これらに支えられて自分が成長していることに目を向けさせるのです。それが，家庭生活を大切にしようとする意欲や態度を培うのです。

　子どもは家族やまわりの人々の支えあって育つ存在である一方，子どもあっての家族や近隣社会であり，その存在はかけがえのないものです。家庭生活も近隣社会や環境との関わりの中で営まれています。家庭生活を大切にする心情とは，こうした互恵的な関わりに気づき，それを大切にしようとする意欲や態度をはぐくむことです。

●問題解決能力や家庭生活を工夫する力を身につける

　家庭科の学習は，自分の生活を知ることから始まります。「当たり前だ」と思っていたことに目を向けるのです。すると，「課題」が見えてきます。その解決を目指して様々な角度から方策を考える思考力。これが，家庭科で育てる問題解決力の１つです。次にそれらの中から自分にとっての「最適解」を選ぶ判断力。これが２つめの力です。さらにそれを実現する表現力が加わります。「こんな食べ方がいいんだな」と考えているだけではだめなのです。実際に栄養的に調和のとれた朝食を自分で用意できる力，そして実践したことを振り返りさらによりよい解決を目指して新たな課題をつかむ力，ここまで培うことが家庭科の目標です。生活に始まり，生活に返す。この繰り返しの中で，地に足のついた問題解決能力を育てる教科なのです。

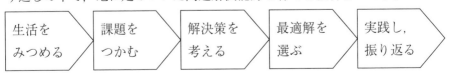

Q2 家庭科の授業づくりの特徴って何でしょうか？

Answer

● 生活の事実をしっかりとつかませることから始まる

　授業づくりで一番大切なことは，生活の事実をしっかりとつかませることです。子どもにとって日々の生活は，「当たり前」なことです。そこに家族の労働や心遣いがあることなどには，なかなか気づけません。家庭では誰がいつ，どんなことをしているのか，何を感じているのか，聞いたり調べたりすることで初めて「生活の事実」が見えてくるのです。そこから子どもの気づきが生まれ，それが授業の原石になるのです。

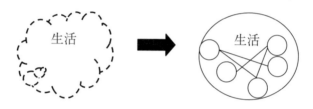

● 生活の事実を多角的に考えさせることで課題をつかませる

　次に大切なことは，調べてきた生活の事実を多角的に検討させることです。味噌ひとつにしても，色や味，香りや食感，成分や使い方など，着目させる点はたくさんあります。どこに着目させ，何に気づかせるのか，そこを考えるのが教材研究です。教師は，家庭生活を多角的にとらえさせるための手立てを打つことが大切です。

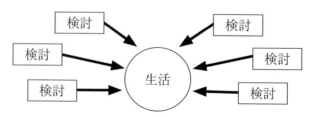

第1章　Q&Aで分かる！家庭科授業づくりのアドバイス

●実践的・体験的な活動を通して学ぶ

　家庭科で欠かせないのは，実践的・体験的な活動です。それを学習指導要領では，「目的をもって，衣食住や家族の生活などに関する学習対象を観察する，触れる，聴く，味わうことなどを通した直接体験や情報の収集，製作や調理などの実習，インタビューや実験等の実感を伴った理解に資する具体的な学習」と示しています。こうした活動は，どの子にも自分なりの感じ方や考えを持たせます。友だちはどう感じただろうと思うこと。これが学び合う授業へとつながります。ぜひ個々の活動を充分，保障したいものです。

●生活に活用できる学びにする

　家庭科の学習では，学んだ知識や技能を自分の生活に生かすことが求められています。では，何を学習させれば生活に生かす力が育つのでしょうか。野菜炒めを例に考えてみましょう。にんじんやキャベツそれぞれにいため方は異なります。しかし，どちらにも共通するのは，「中まで火を通す」ということです。切り方や加熱の順番や火加減は，そのための手段にすぎません。このように，学習の核となる事柄をしっかりとおさえていれば，材料が何であれ，どうすればよいかを状況に応じて「考え」，そして「生活に生かす」ことができるのです。

●家庭との連携を図る

　学んだ知識や技能を自分の生活の中に生かすためには，家庭との連携が欠かせません。「家庭科だより」などで子どもの学習の様子を伝えたり，家庭実践の重要性を保護者に伝えて協力を仰ぐことが大切です。

　家庭科での子どものいきいきとした活動の様子をビデオ撮影しておき，保護者会の折りに参観してもらうことなども有効な手立ての1つです。

Q3 家庭科でも「言語活動の充実」は関係あるのでしょうか？

Answer

●生活の中の言葉を実感を伴って理解し表現する

　家庭科では生活に関わる言葉を，実感を伴った概念として理解できるように具体的に指導します。

　たとえば「団らん」ならば，家庭で家族が集まって楽しく過ごした時のことを振り返ることから学習を始めます。それはどんな時だったのか，どんなことが楽しく感じられたのか，それを話し合います。そこから，団らんには人が集まる場，共に語り合える話題，対話的で自由で楽しい雰囲気があることなどが浮かんできます。団らんのイメージや構成要素がつかめてくるのです。さらに，団らんを工夫し実践する活動を行います。そうすると，イメージだけでなく生活行為の実感を伴った理解が促されます。こうして体を通して理解された言葉は，生活に関わる表現の1つとして，場や文脈に応じて児童に活用されるようになるのです。

　また，調理や製作などの実習を行ったり，目的を持って学習対象を観察したり，触れたり味わったりしたことも，さまざまな驚きや感動と共に児童にとらえられ，生活の中でいきいきと使われる言葉となります。

　「沸騰」という言葉は，理科でも学習します。しかし，それが生活の中で豊かな表現となるきっかけは，鍋の中で大きな泡がボコボコと吹き上がってくる様子を驚きを持って見つめた調理の時間であったりするのです。

第1章　Q&Aで分かる！家庭科授業づくりのアドバイス

● 言葉や図表，概念などを用いて説明したり，表現したりする

　家庭科では，身近な生活課題に関する問題解決的な学習を行います。生活の課題を見つけるためには，家族にインタビューしたり，様々な視点から対象を観察したり，調べたことを比較したりすることが有効です。

　たとえば「清潔な住まい」の学習の場合を考えてみましょう。ここではまず，教室の各所にセロテープを当てて汚れ調べを行います。観察した結果は表に整理します。そして互いに発表し合います。すると，汚れがたまる場所には共通の条件があることに気づきます。このように，実験や観察で得た結果を発表し合う時に，図表や写真などの記録を用いると，これらが発言を支える根拠となります。家庭科における重要な言語活動の1つは，このような「根拠を示して発言する力」をつけることです。

　また，「清潔な住まい」で目指すのは，ただその場の汚れが目の前から消えさえすればよいということではありません。環境に配慮できることも家庭科の目標の1つです。ではどんな掃除の仕方を工夫したらよいのでしょうか。このように家庭科では，共に目指す生活のあり方といった概念についても，自分なりに根拠をもって意見を述べ合う活動が行われます。家庭科の言語活動は，「自分の考えや決め方を言葉にする活動」でもあるのです。

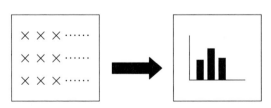

● 調理実習の中で豊かな表現活動を！

　日本語にはパリパリ，トロリなど食感を表す言葉がたくさんあります。調理実習の感想欄には「おいしかった」以外の表現を工夫させたいものです。感じたことを言葉で表現する力を豊かにするよい練習の機会ともなります。

Q4　他教科や道徳とは，どんな関係があるのでしょうか？

Answer

●他教科の学習を生活の中で活用する教科である

　家庭科は，総合的な側面を持っています。他教科で学んだことを生活の中で活用する教科だと言ってよいでしょう。

　たとえば，炊飯の学習を例に考えてみましょう。炊飯をするためには，米1に対して体積なら1.2倍，重さでなら1.5倍の水が必要です。米100ｇなら，水は100ｇ×1.5＝150ｇとなります。ここでの水の計算には，小数のかけ算の学習が活用されます。また，ご飯が炊きあがるまで20分間かかるとして，味噌汁も同時に作り上げるためには，炊きあがりの10〜15分前に準備にとりかかる必要があります。このような時間を見積もる計算も算数の応用です。

　布を用いた製作の学習でも算数は大いに活用されます。裁縫箱を入れる袋を作るには，巻き尺のめもりを読み取れなくてはなりません。また，箱の大きさを計ったら，そこに「ゆるみ」の2㎝分を足し，さらに「ぬいしろ」分の長さを足して必要な布の長さや分量を割り出さなくてはなりません。どれも算数の知識や技能を生活に活用しています。

　社会科との関連も密接です。調理の学習では，米や野菜を大切に活用する態度や技能を培います。これらは，社会科で米や野菜が生産者の絶えまぬ努力や苦労を経て生産されていることを学習することによって，さらに効果的なものとなります。

　また，家庭科は，生活の科学的な理解を図る教科です。よって，理科の学習とも深い関連があります。夏や冬の快適な住まい方の学習では，熱の移動や保温についての理科の知識が欠かせません。また，調理では「沸騰」とは，水がどのような姿になることなのかを具体的に理解している必要があります。

　この他，健康について学ぶ保健の学習との関連も深いものがあります。日常の食事の仕方と健康との関係を考えたり，住まいの明るさを目の健康の視

第1章　Q&Aで分かる！家庭科授業づくりのアドバイス

点から学ぶことなどは，家庭科の学習を一層生活に生きるものにします。教師は教科間の関連を図り，効果的な学習が展開できるように学習を計画する必要があります。

●道徳と関連を図りながらも，家庭科の目標は確実に達成する

　道徳とは関連を図りつつも，目標の違いを明確に意識して指導します。
　家庭科の目標は，「日常生活に必要な基礎的・基本的な知識や技能を身につけ，生活をよりよくしようとする実践的な態度を育てること」です。それは，道徳の「Ａ－３安全に気を付けることや，生活習慣の大切さについて理解し，自分の生活を見直し，節度を守り節制に心掛ける」内容項目と関連します。しかし家庭科では，生活を見直すだけにとどまらず，科学的に分析し，学んだことを生かして生活の問題解決を図る探究的な実践力を培います。
　また，家庭科が目指す「家庭生活を大切にする心情をはぐくむこと」とは，道徳の「Ｂ－８日々の生活が家族や過去からの多くの人々の支え合いや助け合いで成り立っていることに感謝し，それに応える」ことや，「Ｃ－15父母，祖父母を敬愛し，家族の幸せを求めて，進んで役に立つことをする」ことに関連します。違いは，家庭科では生活の事実を要素や行動から分析し，その科学的な理解を図る点です。またそれを基に生活の質を高める実践的な態度の育成を図る点です。
　道徳では，家庭科で行った実践的な活動から学んだことを取り上げたり，逆に道徳で話し合ったことを生かして家庭科で実践化するなど，双方の教科にとって効果的な関連を図ることが望まれます。

Q5 指導計画はどのように作ればよいでしょうか？

Answer

●指導計画作成の基本的な考え方

指導計画は，学校教育全体の中に位置付けて考えます。家庭科は，日々の家庭生活を大切にする心情や実践的な態度を育てる教科です。この教科の特性やよさをどう生かせば学校教育目標が具現化できるかを考えるわけです。以下，指導計画作成上，配慮すべき基本的な事項を示します。

①家庭科の目標と学校教育目標との関連を分析し，題材の目標設定や内容の構成に生かします。

②児童の発達段階や興味・関心，行動傾向さらに家庭科に関連する生活経験の実態を調べ，全ての計画に生かします。

③地域の特性，学習への協力環境の有無などを調べて反映させます。

④他教科・道徳・特活との関連を図ります。移動教室準備の時期に，持参する衣服の整え方を学ぶなど題材の配列と時期を効果的に設定します。

⑤施設・設備の実態を考えて計画します。たとえば，調理にお湯が利用できない環境ならば，洗い物の多い調理実習の題材は，なるべく秋までに設定するなどの配慮が必要です。

⑥計画的に学習環境の改善を図り，指導計画に反映させます。

●題材構成に当たって留意すること

①どの題材においても「A家庭生活と家族」，「D身近な消費生活と環境」の学習との関連が図れるように工夫します。

②地域や学校，児童の実態と関連づけ，指導の重点を明確にします。

③児童の生活実態や課題と関連づけ，「D身近な消費生活と環境」と「B日常の食事と調理の基礎」を組み合わせて，材料の購入から調理，後片付けまで学習する題材を構成するなど，指導内容の組み合わせ方を工夫

第1章　Q&Aで分かる！家庭科授業づくりのアドバイス

します。

④実践的・体験的な学習活動が中心となるように構成します。

⑤指導時数を適切に配分します。児童の意欲的な学習を促すためには，教科書指導書にある指導時数などを画一的に配分するのではなく，児童の実態や指導の重点によって配当時間を弾力的に配分する必要があります。

●題材の配列に当たって留意すること

(1)　知識・技能の系統性や発展性を考慮する

基礎的・基本的な知識や技能の確かな習得を図るためには，

・要素的なものから複合的なものへ

・基礎的なものから応用的なものへ

・短時間にできるものから計画を必要とするものへ

と順を追って学習が発展するように題材を配列します。

(2)　季節や行事との関連を図る

児童の生活経験は季節や行事と深く関わっています。また，ゆっくりと家庭実践が行えるのは長期休業中です。こうしたことも考慮します。

〈例〉・洗濯の学習…雨の少ない暖かい時期に

・食物・調理の学習…旬の時期などよい材料が安価な時期に

・掃除の学習…学期末，年末など家庭での大掃除の時期に

・家庭実践の学習…夏休み，冬休みに

(3)　他教科・道徳・特活との関連を考慮する

5年社会科での稲作の学習，算数の小数点のかけ算の学習の後に炊飯についての学習を組むなど学習相互の関連を図り，児童が生活への応用・発展が図れるようにします。

また，5年生最初の調理実習など時間がかかることが予想される内容については，一時的に時間割の調整なども必要です。

●年間指導計画の例

〈第5学年　60時間　　3学期制〉

| 方針 | ①系統的に基礎的・基本的な知識，技能が習得できるようにする。
②夏休み，冬休みを利用して家庭での実践ができるようにする。 |

学期	月	題材名	小題材名	主な内容
1学期 19時間	4	家庭科の学習を始めよう（4時間）	家庭科学習（2時間）	・学習のガイダンス ・家庭の仕事調べ
			団らんを楽しもう（2時間）	・ガスコンロの使い方 ・茶の種類，いれ方 ・団らんの意義，もち方
	5	楽しい小物作り（6時間）	裁縫用具の使い方（2時間）	・針の扱い方，糸の通し方 ・はさみの使い方
			小物作り（4時間）	・玉結び，玉どめ ・さし縫い，かがり縫い ・2枚の布の縫い合わせ ・印の付け方
	6	ゆでておいしく（8時間）	ゆで卵（2時間）	・ガスの効率のよい使い方 ・ゆで卵作りの実習
			青菜のゆで方（2時間）	・野菜の洗い方 ・青菜のゆで方の実習 ・まな板・包丁の扱い方
	7		ゆで野菜のサラダ（4時間）	・野菜の種類とゆで方 ・野菜の切り方，盛りつけ方 ・計量スプーンの使い方 ・健康家族のゆで野菜サラダ作り
		夏休みの実践（1時間）	家庭で実践しよう（1時間）	・1学期の自分の成長 ・家庭での実践計画
2学期 25時間	9	夏休みの実践（1時間）	家庭で実践しよう（1時間）	・家庭での実践の発表会
		手縫いの袋を作ろう（10時間）	身近な布製品（1時間）	・布の特徴，性質 ・身近な布製品
	10		手縫いの袋作り（9時間）	・布の裁ち方，縫いしろ ・アイロンの扱い方

第1章　Q＆Aで分かる！家庭科授業づくりのアドバイス

				・三つ折り縫いの仕方 ・なみ縫い，返し縫い
	11	朝食を作ろう （7時間）	朝食の大切さ （1時間）	・朝食の大切さ ・栄養バランスのとれた食事
			味噌汁の調理 （6時間）	・みその種類と特徴 ・実習計画の立て方 ・火力の調節 ・味噌汁の作り方 ・健康家族の味噌汁作り
	12	気持ちのよい住ま い方（6時間）	気持ちのよい生 活（2時間）	・身のまわりの整理整頓 ・家庭実践の計画
			環境によい清掃 （4時間）	・住まいが汚れる原因 ・汚れに応じた清掃 ・環境に配慮する工夫
		冬休みの実践 （1時間）	家庭で実践しよ う（1時間）	・家庭での実践計画
3 学 期 16 時 間	1	冬休みの実践 （1時間）	家庭で実践しよ う（1時間）	・家庭での実践の発表会
		野菜炒めを作ろう （6時間）	野菜炒めの調理 （6時間）	・新鮮な野菜の選び方 ・野菜の切り方 ・野菜のいため方，調味の仕方 ・健康家族の野菜炒め作り
	2	ミシンで縫おう （8時間）	ミシン縫い （3時間）	・針の付け方 ・から縫い ・角の曲がり方 ・下糸の巻き方 ・下糸の入れ方 ・上糸のかけ方 ・下糸の出し方 ・針目と上糸の調節 ・直線縫い，糸端の始末 ・針，布，糸の関係 ・簡単な作品作り
		1年間の学習をふ り返って （1時間）	1年間の学習を ふり返って （1時間）	・できるようになったこと ・これからの目標

〈第6学年　55時間　　3学期制〉

方針　①系統的に基礎的・基本的な知識，技能が習得できるようにする。
　　　②夏休み，冬休みを利用して家庭での実践ができるようにする。

学期	月	題材名	小題材名	主な内容
1学期 20時間	4 5	見直そう食事と生活リズム（11時間）	生活を見直そう（2時間）朝食のおかず作り（9時間）	・生活時間をふり返る ・卵の栄養，選び方 ・卵料理 ・新鮮な野菜の選び方 ・野菜の切り方 ・野菜のいため方，調味の仕方 ・健康家族の野菜炒め作り
	6 7	夏を涼しくさわやかに（8時間）	夏の生活の工夫（3時間）衣服の洗濯（5時間）	・夏の暮らしの工夫探し ・快適な夏の生活の工夫 ・衣服の手入れ，洗濯
		夏休みの実践（1時間）	家庭で実践しよう（1時間）	・夏休みの家庭実践計画
2学期 25時間	9	夏休みの実践（1時間）	家庭で実践しよう（1時間）	・夏休みの家庭実践の発表会
	10	生活に役立つ物作り（12時間）	生活に役立つ物作り（12時間）	・製作計画の立て方 ・布の選び方，型紙の作り方 ・布を用いた製作 ・作品を活用しての発表会
	11 12	1食分のごはん作り（12時間）	1食分の献立作り（2時間）家族が喜ぶ食事作り（9時間）食事を楽しくする工夫（1時間）	・調和のとれた1食分献立 ・加工食品の選び方，買い方 ・調理実習計画 ・食事を楽しくする工夫 ・環境を考えた工夫 ・ゆでる，いためる調理

第1章　Q&Aで分かる！家庭科授業づくりのアドバイス

3学期 10時間	1	冬を明るく暖かく（7時間）	冬の生活の工夫（2時間） 明るさ暖かさの工夫（5時間）	・冬の生活の工夫探し ・日光の働き ・日光の効果的な採り入れ方 ・安全な暖房の仕方 ・採光の工夫
	2	これからの生活に向けて（3時間）	これまでの学習のふり返り（1時間） 卒業に向けて（2時間）	・家庭科学習での成長 ・卒業に向けての気持ち ・プレゼント計画 ・ありがとうの気持ちを伝える取り組み

コラム　指導計画の作成準備

　指導計画の作成とは，児童と一緒に作り上げる学習の「台本」のようなものです。右の図のように児童・生徒と教師，そして教材が授業を構成する重要な柱です。

　学習課題や題材の目標を設定するのには，子どもの実態の把握が欠かせません。また，目標の達成を目指すには適切な教材の選定や学びの流れをうまく作り出す学習計画の立案が必要です。

　これらのことをしっかり準備して指導計画を作成するようにしましょう。

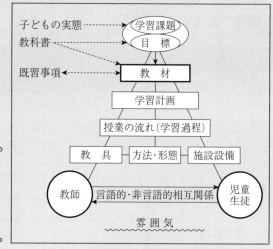

授業を構成する要素
武藤八重子　他『テキスト家庭科教育』
（家政教育社，2000より）

Q6 家庭科室には，どのような物を揃えたらよいでしょうか？

Answer

●備品を取り巻く状況

かつては，文部省によって学校に基本的に必要とされる教材（国庫負担の対象とする教材）の品目及び数量が，「教材基準」として示されていました。しかし，1991年（平成３）年にこれは「標準教材品目」と修正され，各学校が特色に応じて整備する参考として示されるようになりました。

2001（平成13）年11月にまとめられ，各都道府県に通知された「これからの義務教育諸学校の教材整備の在り方について」では「自主的・自律的な学校運営という観点に十分に配慮」し，市販の教材だけでなく教員の手作り教材の活用も推奨されています。また，「生きる力」を育成する観点から児童の発表や体験のための学習材の開発や整備も求められています。

●揃えておくとよい備品

No.	品目	学校規模（学級数）				備考
		5以下	6〜12	13〜18	19〜24	
1	アイロン	5	10	10	10	コードレスだとよい
2	アイロン台	5	10	10	10	
3	霧吹き	5	10	10	10	
4	電気洗濯機	1	1	1	1	
5	洗濯用たらい	25	40	40	40	
6	移動式物干し台	1	2	2	2	
7	小物干し器	1	2	2	2	
8	布地標本	5	10	10	10	
9	基礎縫い標本	5	10	10	10	

第1章　Q&Aで分かる！家庭科授業づくりのアドバイス

No.	品目	学校規模（学級数）				備考
11	ミシン	10	20	20	20	
12	裁縫用具（教師用）	1	1	1	1	
13	裁縫用具（児童用）	5	10	10	10	貸し出し用
14	物差し	13組	24組	24組	24組	30，50，100cmで 1組分
15	裁ちばさみ	10	20	20	20	
16	ピンキングばさみ	5	10	10	10	
17	大鏡（姿見）	1	1	1	1	
18	示範板	1	1	1	1	
19	台秤（2kg）	1	1	1	1	
20	はかり（1kg）	5	10	10	10	デジタルがよい
21	計量器	10組	20組	20組	20組	カップ200mL， 1000mL，計量ス プーン一式
22	温度計	5	10	10	10	
23	キッチンタイマー	5	10	10	10	
24	コンロ	10	20	20	20	2口コンロ
25	実物投影機	1	1	1	1	
26	自動炊飯器	1	2	2	2	
27	鍋類一式	5	10	10	10	
	文化鍋，片手鍋，フライパン，フライパンのふた，中華鍋，両手鍋（大・中・小）， 耐熱ガラス鍋，やかん，鍋敷き					
28	炊事用具類一式	5	10	10	10	
	ボール（大・中・小），ざる（大・中・小），水切りかご，洗い桶，しゃもじ，玉 じゃくし，穴じゃくし，卵切り器，フライ返し，菜箸，トング，ピーラー，おろ し金，果汁絞り器，マッシャー，すりこぎ，すり鉢，缶切り，栓抜き，泡立て器， スポンジ，たわし，柄付きたわし					
29	まな板・包丁	25	40	40	40	

No.	品目	学校規模（学級数）				備考
30	容器一式	5	10	10	10	
	バター入れ，塩入れ，砂糖入れ，油入れ，酢入れ，バット					
31	ポット	5	10	10	10	
32	紅茶用ポット	5	10	10	10	
33	手付き盆	5	10	10	10	
34	茶器	5	10	10	10	
35	菓子器	5	10	10	10	
36	食器セット	25	45	45	45	予備を含む
37	ゴミ用バケツ	1	2	3	3	
38	電気冷蔵庫	1	1	1	1	
39	包丁まな板滅菌保管庫	1	1	1	1	
40	乾湿計	1	2	2	2	
41	簡易照度計	5	10	10	10	デジタル式の物がよい
42	電気掃除機	1	2	2	2	
43	清掃用具一式	5	10	10	10	
44	住居模型	1	1	1	1	
45	電気スタンド	1	2	2	2	
46	暖房用具	1組	1組	1組	1組	
47	石油ストーブ，ガスストーブ，こたつ，あんか，ホットカーペット（小），湯たんぽ					
48	消火器	2	2	2	2	
49	扇風機	1	1	1	1	
50	すだれ・ござ	1組	1組	1組	1組	
51	救急用品一式	1	1	1	1	

第1章　Q＆Aで分かる！家庭科授業づくりのアドバイス

●揃えておくと役立つ物

No.	品目	学校規模（学級数）				備考
		5以下	6〜12	13〜18	19〜24	
1	包丁整理箱	5	10	10	10	各班に
2	まな板立て	5	10	10	10	
3	クリアケース	5	10	10	10	実習表立て
4	レシピ立て	5	10	10	10	
5	ホットプレート	2	3〜4	3〜4	3〜4	2班で1つ
6	オーブントースター	1	1	1	1	
7	電子レンジ	1	1	1	2	
8	ミキサー	1	1	1	1	
9	パーティー皿	5	10	10	10	
10	キッチンばさみ	1	1	1	1	
11	砥石，包丁研ぎ器	1	1	1	1	
12	塩分計	1	1	1	1	
13	携帯消火スプレー	1	1	1	1	
14	少量計量スプーン	5	10	10	10	1ｇ，0.2ｇ
15	強力給水モップ	1	1	1	1	
16	殺菌消毒液	1	1	1	1	
17	爪切り	1	1	1	1	
18	新聞紙・ガムテープ	1組	1組	1組	1組	割れ物の始末
19	エプロンセット予備	5	5	5	5	貸し出し用
20	小分け皿	人数の3倍くらい（切った材料の一時置き用）				

25

Q7 家庭環境が複雑な子どもがいます。どんな配慮が必要ですか？

Answer

●家庭環境や家族に対する見方が広がる学習を展開する

　家庭環境や家族のありようは，さまざまです。小学校では家族関係について深く学ぶことはありません。しかし，たとえば「家庭の仕事」について話し合ってみると，商店を営んでいる家と農業や漁業の家庭とでは，家庭での仕事の内容も生活時間も異なります。祖父母がいる家庭と，赤ちゃんや幼児を抱えた家庭とでも違います。しかも，そのあり方は時間と共に変化します。このように小学校では，家族そのものを採り上げるのではなく，衣食住の生活の仕方や時間の使い方などについて具体的に話し合ってみることで，「違いがあるのが当たり前」であり，「そのありようも変化すること」に気づけるようにします。こうして，家族のあり方について，児童の見方が広がるようにすることが大切なのです。

祖父と孫
（アルプスの少女
ハイジ）

祖父母と叔父叔母
同居の家族
（サザエさん）

両親と子ども
の家族
（クレヨン
しんちゃん）

さまざまな家族
さまざまな暮らし方

姉弟と同居した
子の家族
（赤毛のアン）

祖父母と両親と
子どもの家族
（ちびまる子ちゃん）

第1章　Q＆Aで分かる！家庭科授業づくりのアドバイス

●個々の家庭ではなく，モデル家族や家庭生活上の問題を扱うようにする

　「皆さんは，お正月にどんなおせちを食べましたか？」と尋ねられるのと「皆さんは，お正月にどんなものを食べましたか？」と聞かれるのと，あなたが外国籍の子どもだったら，どちらの質問の方が答えやすいですか？。

　わたしたち教師も，自分の家庭生活のあり方を「当たり前」だと思い込みがちです。しかし，家庭生活のありようは，教師が考えている以上に多様です。そのことを前提にして，授業に臨む必要があります。

　家庭環境が複雑な子どもを抱えている場合には特に配慮が必要です。たとえば朝ご飯の学習では，「朝，何を食べてきましたか？」と発問することがよくあります。しかし家庭の実態に踏み込まれると辛い気持ちになる子がいることを忘れてはなりません。家庭の事情に踏み込むのではなく，「朝，おなかがすかなかったら，どうしますか？」と尋ねることでも，朝食をめぐる問題について考えさせることはできます。個々の家庭の実態をつかんでいる学級担任ならではの配慮ができるのは，こうした場面です。

　専科教員の場合は，学級担任との連携をよくとり，児童の実態をつかんでおくことが何よりも大切なことです。それでも児童は，家族の失態などを無邪気に披露してしまうことがあります。そういう時は，「先生の家と同じだね」と補足するなど，その失態がその子の家庭固有の出来事ではなく，「様々な家庭のあり方の１つである」というメッセージを周囲の子どもに投げかけておくことが必要です。

　また，家庭生活の問題については，モデル家族を登場させて，問題点をつかませたり，考えさせたりすることも有効です。児童はこの場合にも，必ず自分の家庭生活と具体的に比較しながら思考し，自分なりの考えをまとめているのです。

Q8　安全指導はどうすればよいでしょうか？

Answer

●リスク・マネージメント（事前の事故防止計画）

　実践的・体験的な活動を中心とする家庭科では，事前に授業計画の中に事故防止策を立てておくことが重要です。

　まず，アンケートを採るなどして，児童の実態を把握しておきます。

　質問内容としては，次のようなことが挙げられます。

・食物アレルギーや既往症について
・宗教上のきまりごとなど家庭からの要望について
・板書をノートに写すのに時間がかかる，手が器用に動かないなど身体面で困っていることについて
・友だち関係について
・右利き，左利きなど身体上の特性について
・学習する上で不安に思っていることについて
・教師に知らせておきたいことについて

　こうした実態を踏まえた上で，特別な支援が必要な児童は，常に教師のそばにいるようにさせるなどの活動の具体的な計画を立てるようにします。

　以下，リスク・マネージメントについての具体例を挙げてみます。

●リスク・マネージメントの具体例

(1)　**食物アレルギーによる事故を防ぐために**

①児童の症状や実態を把握します。また，養護教諭，保護者から担任への要望等を聞き，管理職や学年の先生方にも知らせておきます。

②調理実習では，アレルギーをもつ子も試食できる物を必ず用意します。

　　たとえば卵のアレルギーをもつ子がいた場合，「ゆで卵」の調理では卵の他にジャガイモもゆで，卵と比較する学習にします。そうすれば，

第1章　Q&Aで分かる！家庭科授業づくりのアドバイス

卵はだめでもジャガイモだけは試食できることになります。ただし，卵アレルギーには，卵と同じ鍋でゆでたものは食べられない症状の児童もいるので，くれぐれも保護者と相談の上で慎重に実施しましょう。

③代替食で調理させます。

「炒り卵」の代わりに「炒り豆腐」の調理を行うなどの工夫ができます。その際，必要ならばフライパン等は，該当児童専用の物を使わせます。

④小麦アレルギーの場合は，醤油が使えないこともあります。調味料の原材料にも気を付けましょう。

⑤校内の緊急連絡体制を整えておきます。

⑥食物アレルギーやエピペンの使い方等の研修に全校で取り組みます。

⑦食物アレルギーに対するクラスの児童の理解を深めておきます。

アレルギーがあることを周囲に知らせたくないという家庭もあるので，事前に考えを聞いておきます。ただし多くの目で該当児童の健康を守れるようにすることが望まれるので，保護者に対する啓蒙も必要です。

⑧班で材料や献立を工夫して調理する際には，使用する材料を明示させ，事前に保護者にも内容を伝えておきます。そして試食の際には，必ず取り箸を使わせるようにしましょう。

また，各班の料理は少量取り分けて冷蔵保存しておき，1日おいて児童の安全が確認できてから処分するようにしましょう。

(2)　**調理での火傷やけがを予防するために**

①事前に授業計画をしっかりと立てて，調理開始時間，各班の加熱開始時間などの記録もとっておきましょう。

②児童には身支度，手洗いをしっかりと行わせます。

児童の三角巾のたれの部分に名前を書かせておくと，調理中，後ろからでも誰かが分かり，すぐに声がかけられて便利です。

③フライパンの柄の部分に班の色のビニールテープを巻き，それを目印にして，そこから先の部分を手で持たないように指導しておくと安心です。

29

④床に水や野菜くずなどがこぼれていたら，すぐに拭き取ります。児童が足を滑らせる危険があるからです。

⑤包丁の柄に班の色別テープを巻いて番号を付け，箱に入れて運ばせます。

⑥調理中は，包丁を教師の所に戻した班だけに加熱用の油と調味料とを渡すようにします。

　　こうすると，どの班が包丁を戻していないかが一目瞭然になり，作業の進度が把握できます。また，いつまでも洗われない包丁が流しの底に沈んでいて，不用意に児童が手を切るような事故を防ぐことができます。

⑦常に事故を予測させます。事故防止は，自ら危険を予測し，主体的に取り組んでこそ効果が発揮されます。児童に対する安全教育では，自分の身は自分で守る主体性や危険を予知する洞察力を養うことが大切です。

　　たとえば，「ゆで野菜」の調理の場合ならば，野菜をゆでた後には，熱湯が入った鍋が残ることを話します。そして，どのような危険が考えられるか，事故を防止するためには，どのようなことをすればよいかを事前に考えさせるようにします。

⑧さいばしは，ひもを切っておきます。

⑨ビニール袋などの燃えやすい物は，すぐに始末させます。

⑩やかんの口は時計の12時の方向に向けます。鍋やフライパンはコンロからはみ出ないようにハの字に置かせます。

⑪火傷や切り傷の救急処置を教えておきます。

　　バンドエイドや冷却剤付きの湿布薬などは，家庭科室専用の救急箱を設けて常に用意しておくようにします。

⑫火傷やけがをした児童はその場を動かず，同じ班の者が教師に知らせるという約束をしておきます。これは，どのような状況の下で事故が起こったかを教師が自分の目で確認するためです。また，けがをした児童が不用意に動くことで，キズが悪化することを防ぐためでもあります。

⑬家庭科室に備えられた消火器の他に，携帯用簡易消化器（市販のもの，1本3000円くらい）を用意しておくと，とっさの際にも使えて安心です。

第1章　Q&Aで分かる！家庭科授業づくりのアドバイス

(3) **火事・地震による被害を防ぐ**
　①調理室の椅子は，避難路を塞ぐ危険は無いかを確かめ，壁にきちんと付け，部屋の隅に重ねさせます。
　　椅子は適当に積み重ねておけばよいものではありません。そこに椅子を置いても避難路が確保できるか児童にも考えさせます。
　②火事・地震の際の避難訓練は，家庭科の時間としてもしておきます。

(4) **裁縫やミシン縫いでの事故を防ぐために**
　①裁縫用具は必要な数だけを持ち，使用の前後に本数を数えさせます。
　　手縫いに必要な針は，長針1本，短針1本，待ち針5本です。余分な針は，出さない約束にしておきましょう。
　②児童に裁縫用具を使う時の注意点を話し合わせ，約束を決めておきます。
　③机上は必要な物だけにし，使う物を常に整理させましょう。
　④縫い糸の長さは，胸から片手分だけにします。縫い糸を長くすると，その分，針を持った手が隣の児童に近づくことになるからです。
　⑤針を親指と人差し指で挟むようにして持ち，糸を残り3本の指でつかみ，糸を引く時には，必ず針先を下にむけ，針ではなく糸を引くようにさせます。針先を下に向けることが習慣になるまで声をかけましょう。

 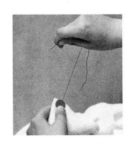

　図　糸は3本の指で持つ　　　図　糸は下向きに引く

31

⑥隣の座席との間は，片手分（60cmくらい）離れるようにします。

⑦右利きと左利きの児童が隣り合わないように座席を配置します。

⑧作業中，はさみを開いたままにして置くことのないようにさせます。

⑨アイロンは，使い終わったらスイッチを消して，壁に向かって立てて置くようにさせます。

⑩ミシンは，必ず底を持って運ぶようにさせます。

　　ミシンのふたを被せただけで，留め金を留め忘れていることもあるからです。その場合，ミシンを足に落として，けがをする危険があります。

⑪ミシンを使う際には，縫う前に「針止めねじ」がしっかりしまっているかどうかを必ず手で触って確めさせます。

　　「針止めねじ」がしまっていないままで縫い始めると，ミシンの針が折れたり飛んだりする危険があるからです。

⑫折れた針は，教師の所に持ってこさせ，折れた針が先端も含めて全部拾われたかどうかを確認してから，「折れ針入れ」に入れて始末させます。

●クライシス・マネージメント（適切な事後対応計画）

(1) 必ず行うべき対処

　事故は起こさないことがベストです。しかし，起きない保障はどこにもありません。事故が起きたらどうするか，その対応を事前に考えておくことは大切なことです。特に大切なのは，次の3つです。

> ○けが，やけどなどを負った児童のそばを決して離れないこと
> ○事故が起こった時間，その場の状況を把握しておくこと
> ○大きな事故の場合は，「Aさん，保健室に知らせに行きなさい」「Bさん，教頭先生を呼んできなさい」「Cさん，隣の組の先生に知らせなさい」というように，具体的に連絡に行かせる子の名前を指名して，救援を求めに行かせること。

　事故に遭った児童は，大きな不安の中にいます。教師はその子を励まし，

第1章　Q&Aで分かる！家庭科授業づくりのアドバイス

時間と共に容体をしっかりと把握します。それを養護教諭や管理職に正確に伝えることが必要なのです。事故を知らせに行かせる時は，「誰か教頭先生を呼んできて！」というような漠然とした言い方は禁物です。クラスの半数以上の児童が，自分が知らせようとして教室を飛び出す可能性があります。

⑵　保護者への事故報告

　保護者への事故報告は，児童が帰宅する前に電話で行っておきます。その際，大切なことは「事実」を正確に話すと共に，自分の指導下で起きたことに対するおわびや，事故に遭った児童を気遣う思いを丁寧に伝えることです。児童が帰宅する前に連絡をしておくのは，早く知らせておくことで，帰宅後，保護者がスムーズに対応できるようにするためです。あらかじめ状況をつかんでおけば，保護者は心の準備をして児童を迎えることができます。

　できれば退勤前にもう一度，保護者に児童の様子を尋ねる電話を入れておくとよいでしょう。丁寧な初期対応は，保護者との関係をよりよいものに築く上で大変重要なことです。

Q9 実習の班編制の前に準備したり，考えておくことはありますか？

Answer

●ペアを組む相手は，技能差がある者同士よりも話しやすさ

　班は，必ず男女混合で編成します。その方が，男女それぞれのよさが生きるからです。裁縫や調理などの学習では，2人がペアを組んで助け合いながら学習します。

　児童は，自分とほぼ同等の技能状況にある子の手元を観察することで，「自分もこうしよう」と真似たり，自分なりに工夫を加えたりして，技能を習得していきます。ですから，技能差が大きい相手よりも，話しやすく助け合いやすい相手とペアを組ませる方が効果的です。

●事前に児童の技能や生活経験の程度をつかんでおく

　近年，生活経験の少ない児童が増えてきました。中には，5年生になるまでに自分で卵を割った経験が無いという子どももいます。そこで，最初の授業の折に，どのような生活経験があるのか，また，どのような不安をもっているのか児童にアンケートをしておくことをおすすめします。

●特別な支援が必要な児童は，座席を教師のそばにさせる

　特別な支援が必要な児童については，なるべく教師のそばに座席を設けるようにします。その方が学習に集中することができ，教師からの支援も受けやすいからです。困った時には，その困り感を教師に知らせてくれる面倒見のよい子が同じ班にいてくれると，学習がスムーズに進むようになります。こうした親切な子どもに声をかけて，同じ班に入ってもらうとよいでしょう。

第1章　Q&Aで分かる！家庭科授業づくりのアドバイス

●特別な支援が必要な児童には，目で見て分かる工夫をする

①その日の授業でどこまでできればよいのかを絵で表示する。

②作業の手順なども絵カードにする。
〈例〉フライパンの始末の仕方

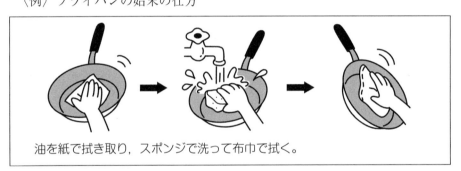

③ワークシートもなるべく文字ではなくイラストを見て分かる形式にする。

●小物作りなどの学習には，縫いやすい布を使う

ドット穴があいている布や麻などの布を使って，縫う作業の負担を減らす。

35

Q10 特別な支援が必要な児童への対応にはどのようなものがありますか？

Answer

● **まわりの環境を整える**

特別な支援の必要な児童には，まわりの環境を整えてあげることが何よりも大切です。できればＱ９にも書いたように席は教師のそばに設けます。そして，班の中で困った時には教え合う雰囲気をつくっておきます。

また，机上には学習に必要な物だけを出すようにさせます。教卓のまわりなどその子の視野に入る環境も整えて，学習に集中できるようにします。

● **特別な支援が必要な児童には，作業の予定やゴールが見て分かる工夫をする**

〈板書の工夫〉

「ここまでできればOK」
を明示する。

作業工程にチェックボックスを付けて，終わったらチェックを入れていくのも効果的。

〈材料の絵カード〉

材料の説明絵カードを１つずつ貼りながら，口頭で説明する。

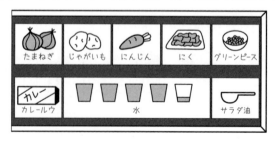

第1章　Q&Aで分かる！家庭科授業づくりのアドバイス

〈絵カードによる調理手順や切り方の表示〉

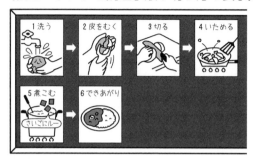 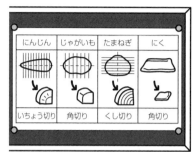

〈個別支援の仕方〉

　調理手順の絵カードから番号と説明をぬいた小さいカードを並べさせる。

〈包丁の練習〉

　切れない食事用ナイフで練習し，本番では，滑らないようにぬれタオルやぬれふきんをまな板の下に置く。

①切れないナイフで練習　　②滑らない置き方の工夫

〈包丁を怖がる子のための支援〉

　指にはめて包丁から指を守る子ども用の調理器具。1個150円くらい。

　デパート，スーパーマーケットなどの調理器具売り場で購入できる。

37

Q11 実習に時間がかかり，休み時間がなくなります。どうすればよいでしょうか？

Answer

●実習内容が，子どもの実態に合っているか再考してみる

　実習に時間がかかってしまう原因としては，2つのことが考えられます。1つは，実習内容が児童の実態に合っていず，児童が手間取ってしまっている場合です。たとえば，第5学年の場合には，調理の経験が少ないために，1つ1つの作業を行うのに時間がかかります。ですから，単品の調理をこなすのにも準備から後片付けまでに2時間はみておく必要があります。特に片付けには，15分はかかると考えておいた方がよいでしょう。

　2つめに考えられることは，児童が作業に見通しを持てていないことです。

●後片付けの時間を記録し，児童に作業の見通しがもたせる

　児童は調理経験が少ないため段取りが悪く，調理と後片付けとを同時進行させることができません。ですから，どうしても後片付けに時間がかかり，休み時間まで作業が流れ込むことも多々出てくることになります。こうした状態を児童自身もよいものだとは思っていません。ですから作業が遅れた班には，しかって急がせるのではなく，なぜそうなってしまったのか原因を考えさせ，次回は改善を図るようにさせます。

　教師は，後片付けにかかった時間を班ごとに記録させ，早くできた班と遅くなってしまった班との所要時間を示して改善を考えさせます。こうしたことを2～3回繰り返すと効果的です。試行錯誤しながら，児童は成長していきます。こうした「失敗」も，家庭科が学習対象とする「生活に関する問題点」の1つだといえます。このように児童自身が改善を図るためには，調理実習は試しの調理と本番の2回は連続で行えるように計画するとよいです。

第1章　Q＆Aで分かる！家庭科授業づくりのアドバイス

●全員で調理実習の前日に用具等を準備する

　家庭科の時間が始まってから用具を出し，材料を配っていると，準備に時間がかかり，児童の作業時間が圧縮されてしまいます。そこで，できれば調理を行う前日の放課後に学級全員で家庭科室に行き，調理用具を整えてから下校するようにします。こうすると，児童の印象に強く残るので，明日の実習での忘れ物を減らすこともできます。

　また，調理の身支度は授業前の休み時間に整えておくように指導します。

　教師の事前準備も大切です。当日は早く来て，班ごとに材料を分けておき，実習が始まったらすぐに配ることができるようにします。調理の手順カードなどの掲示物も家庭科室に準備しておきましょう。

　こうして，授業開始と共に調理作業に取りかかれるように準備を整えておくと，休み時間を削るようなことがなくなります。

●作業と後片付けを同時進行で行わせる

　ゆでる，いためるなどの作業に入る時に，包丁とまな板などを後片付けさせます。それには，「包丁とまな板を後片付けして先生の所に持って来た班に，油と塩を渡します」など，後片付けしたら次に必要な物を渡すようにすると，効果的です。包丁やまな板を片付けないと次の作業に入れないので，児童は優先的にそれらを片付けるようになります。

　指導者側としては，どの班が片付けたかを居ながらにして確かめることができるので，安全管理が容易になります。

　試食前にも「盛り付けて，テーブルがきれいに拭けた班から箸を渡します」など，試食前に済ませておかせたい作業の完了を条件に箸を渡すようにすると，後片付けをテキパキと進めさせることができます。

39

Q12 児童の技能差が大きく，時間内で終わりません。どうすればよいでしょうか？

Answer

●子どものつまずきの原因を探り，対策を講じる

　初めのうちは，どの作業を行うのにも時間がかかります。玉結びの習得に1時間，玉どめにも1時間かかると予想しておくと無難です。

　時間がかかる原因は2つあります。1つは，針に糸が通らずに時間が無駄にかかってしまうなど作業の準備段階でのつまずき。2つめは，作業自体でのつまずきです。

　たとえば，針に糸が通らない児童の中には，糸端から1〜2cmも後ろの部分を手で持ち，ふらふら動く針めがけて糸を通そうとする子が多くいます。こうした場合には，まず糸端から5mmほどの所を手で持つこと，針を持った手は動かさないようにすること，針の下に黄色の紙を置き，針穴がよく見えるようにすること，糸の先は斜めに切ってとがらせるようにすることなどを指導すると，こうしたつまずきに陥ることを減らすことができます。

　また，毎時間，1分間に針穴に何回糸先を入れることができたかを記録するゲームをします。そうすると，針に糸を通す作業そのものに慣れてきて，短時間で糸を通すことができるようになります。

　このように，作業そのものに入る前につまずいている例は，案外多いものです。児童がどこでどのようにつまずいているのかをビデオに記録して分析し，対策を講じるようにしましょう。

●簡単な計画を立てさせて，作業をイメージさせてから製作させる

　基本の手縫いを用いて作品を製作する時には，まず製作計画表に簡単な手順を書かせてみます。

　手縫いの小物の場合，目鼻などの部分は先に縫い付けておきます。それから全体を縫って仕上げます。しかし多く場合，児童はまず全体の形を縫い上

第1章　Q&Aで分かる！家庭科授業づくりのアドバイス

げてから模様を縫い付けようとします。手順のイメージが逆なのです。

　そこで，まず簡単な製作計画を立てさせ，作業の手順をチェックします。正しくできていなければそこで訂正させ，正しい手順を教えます。

　このことは，調理実習にもあてはまります。手順が正しくイメージできているかどうかは，作業に必要な用具が箸や茶碗に至るまで全て調理計画表の用具欄に書けているかどうかを見ることでもチェックすることができます。

●技能に応じた材料や作品が選べるようにする

　作品は形の大きい物ほど，また縫う部分が多い物ほど時間がかかります。このことを考慮して，作る作品を選ばせるようにします。作品の製作目安時間や難易度を★などで表示して，判断できるようにする方法も有効です。

　また，使う布にも気をつけます。ハンカチなどは針の通りの悪い物が多いので，初歩の手縫いには向きません。さらしや麻などの織り目の粗いものを使わせるようにします。また，ギンガムチェックの布を使うと，マス目の大きさを変えることで縫い目の大きさを変えることができます。マス目の大きさは，児童に選ばせるようにするとよいでしょう。

41

Q13 自分自身，調理や裁縫ができず，不安です。

Answer

● 1日10分間，練習する

　苦手なことは避けたいと思うのが人情です。しかし，漢字が書けないのにそれを教えることなどできないように，上手でないにしても一通りのやり方はできるようにしておく必要があります。

　それには，1日10分間の練習をお勧めします。特に裁縫は練習が命です。用具を机に常備しておき，児童用の運針練習用布を使って練習しましょう。なみぬいの練習だけなら，市販の「花ふきん」のキットを使うと，縫い目が印刷されているので作業が楽にはかどり，楽しく練習することができます。

　教師が苦手だと感じることは，児童にとってもつまずきやすい事柄であることが多いようです。先生が苦手を克服しようと練習することは，それ自体がよい教材研究になるのです。

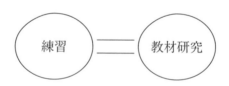

● 作業を示範しているDVDなどを利用する

　現在，教科書会社や教材メーカー，教育委員会などで多くの作業の示範映像が提供されています。それらを利用すれば，作業全体のやり方やイメージは十分につかむことができます。

　針の動かし方などを児童の目の前の示範する時には，針はマットレス用の針，糸は細い毛糸を使います。なみ縫いや半返し縫い，本返し縫いについて

第1章　Q&Aで分かる！家庭科授業づくりのアドバイス

は，厚地の画用紙に縫う線を引き，そこに裏からセロテープを貼っておきます。こうしておけば少し強く糸を引いても紙が破れることはありません。それをマグネットで黒板に留めて，針の刺し初めの位置や運針の仕方を示範するとよいでしょう。

　ボタン付けを示範する場合は，布をハワイアンキルト用の大きな刺繍枠にはさんで固定し，紙皿に穴を開けたものをボタン代わりに用いるとよいです。

　この他，児童の中でこうした作業を得意とする子どもを「玉結びの先生」「玉どめの先生」として，互いに教え合う活動を展開するようにします。ミニ先生になった児童は，誇らしい思いを抱くことができますし，教え合う中で児童相互が新たな発見をすることもあります。

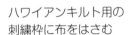
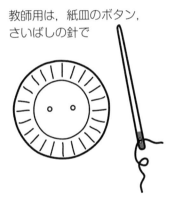

●事前に試作しておく

　見知らぬ道を歩くのと，一度通ったことのある道を歩くのとでは，安心感が違います。同じように，児童の前に立つ前に，授業を行う時と同じ条件で作業をしてみるようにします。

　できれば，比較的ゆとりが持てる夏休みなどを使って，学年の先生方と一緒に作業をしてみると，調理や裁縫が得意な先生の手元や動きを見ることだけでも参考になります。また，一度試しを行っておくことは，授業に対する自信の醸成にもつながります。

Q14 学校の備品が故障しやすくて困っています。

Answer

●ミシンの故障には，共通する原因がある

故障すると授業に支障が出てしまう学校備品の代表がミシンです。

ミシンの故障には，共通する原因があります。次のようなことを指導しておくと，これらのトラブルを防ぐことができます。

①ミシン針は，平面を針棒の突き当たりまでしっかりと差し込むようにさせます。

②上糸は，糸立てに下図のように立てさせます。

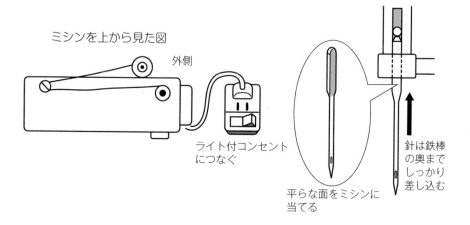

③上糸をかける時には，必ず針棒を一番高い位置まで上げてから行います。（針が一番高い位置に上がると，糸はスルスルと動く。中途半端なまま糸を引くと，無駄な力がミシンにかかり，故障しやすくなる）。

④糸調子や送り調節器のダイヤルは，あらかじめセットしておき，教師に無断で動かさないように指導しておきます。

⑤コントローラーを使用している場合は，ミシン側のコンセントは挿した

第1章　Q&Aで分かる！家庭科授業づくりのアドバイス

ままにしておきます（コンセントの抜き差しを頻繁に繰り返すと，コンセントがゆるんだり，コードが断線してしまうことが多い。ライト付きのスイッチ式コンセントを使用すると，コードの抜き差し回数が減り，しかも使用中はライトが点灯するので，状況が一目で分かって管理しやすい）。

　また，コントローラーはコードをつり下げて持つと断線を起こすので，つり下げないように指導しておきます。

⑥練習で空縫いをたっぷりと行い，ミシンが布を自動的に送り出すことを体感させます。手で布を押さえこむ必要が無いことが実感できます。

⑦上糸調節装置に糸をかけるタイプのミシンを使う場合は，糸を巻き付けた後少し左に糸を引き，カチッと音を立てて糸が上糸調節装置にかかったことを確かめます。

⑧ミシン縫いの作業中は，布を押さえ込まないように手は上下ハの字になるようにふわりと置くようにさせます。

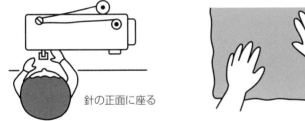

⑨下糸を巻く時は，一定の早さで均一に巻くようにし，巻きの不揃いな下糸は使わせないようにします。

⑩「ミシンに命令できるのは1回に1つのことだけ」と話しておく。次の作業に入る時は，いったんミシンを停止させてから行うようにさせます。

⑪作業に入る前に必ず試し縫いをさせます。

⑫ミシンの業者に安全点検をしてもらう際に，使い方のよくない点などを指摘してもらいます。

Q15 子どもの忘れ物が多くて実習に影響が出てしまいます。忘れ物防止の工夫を教えてください！

Answer

●**エプロンとふきんは，三角巾で包んで持ってこさせる**

　調理実習の身支度の忘れ物で最も多いのは，三角巾です。それを防止するには，バンダナなどの四角い布を三角巾にし，エプロンとふきんやお手ふきを下の図のようにそれで包んで持たせるようにすると効果的です。

三角巾でエプロン・ふきんを包む

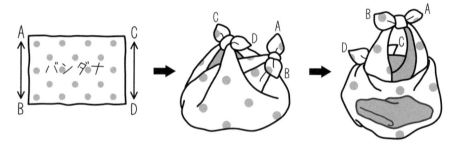

①AとB，CとDを結ぶ。　　②片方の結び目にもう片方をくぐらせ，中にエプロンを入れる。

●**忘れ物用の身支度や材料もあらかじめ用意しておく**

　家庭科は1週間に1回しか授業が無い場合が多いので，忘れ物のために学習ができないとそれを取り戻すことは難しくなります。忘れ物をしないことが原則ではありますが，児童に学習を保障するために，忘れた子用のエプロンなどもいくつか用意しておくようにします。そして，エプロンは無理でも，使った三角巾やふきんは，その日のうちに手洗いをして，教室に干して帰るようにさせます。こうして，借りた物は自分の手で責任をもって整えて返すようにさせると，忘れ物防止への自覚が育ってきます。

第1章　Q&Aで分かる！家庭科授業づくりのアドバイス

●調理実習前日の放課後に，クラス全員で用具を準備しておく

　調理実習を効率的に始めるためにも，前日の放課後，クラス全員で家庭科室に行き，用具を用意したり翌日の実習の持ち物を確認させたりしておくと，忘れ物防止に効果があります。班の中で材料の調達を分担した場合は，欠席する場合はどうするかも決めさせておきます。

●「家庭科わくわくポイント帳」を作る

　忘れ物をしたら「減点」するのではなく，忘れ物をしなかったら「加点」するポイント帳を作るのもよい方法です。宿題をしてきたり，家庭実践を行ってきたり，友達に親切に教えたり，進んで調べ学習をしてきたり，授業中活躍したりした「関心・意欲・態度」の面で優れた行動をポイント帳につけ，貯めていきます。忘れ物をしがちな子に声を掛けた子にもポイントを渡すことにし，協力体制を作ります。このポイント帳はそのまま「関心・意欲・態度」面での評価の資料にもなります。

　クラス全体で1万ポイント貯まったら炊飯器ケーキでお祝いするなど，目標を決めて取り組むと楽しくなります。

家庭科わくわくポイント帳		5の1　（勝田　映子）	
月日	内　　容	ポイント	合計
4/6	忘れ物なし	4	4
4/13	宿題を出した	2	6

Q16 調理実習の評価は，どうすればよいでしょうか？

Answer

●三角巾のたれの部分に記名させ，後ろも観察する

調理実習では，児童の行動観察が大切です。後ろから見ても，誰であるかがすぐに分かるようにしておくと記録が取りやすくなります。

観察の記録は7.5cm角（手のひらサイズ）の付箋紙に書いていきます。紙が大きいと子どもがのぞいてくるので，気になったり邪魔になったりして結局うまく記録が取れなかったりします。サッとポケットから取り出してメモをするのには，このくらいのサイズのものが便利です。

(1班) 活動	協力
T	T，O
意見	工夫
M	O

付箋は，左のように十字に線を入れておき，それぞれの項目について，よくやっている子の名前をメモします。項目については，1枚目にだけ「活動」「協力」「意見」「工夫」と評価の観点を入れておき，2枚目以降は，該当するマス目に名前のイニシャルを記入します。

この他，細長い付箋もポケットに入れておき，「（包丁で）切る時の姿勢がいいね」などと書いて渡すと児童は喜びます。これらの付箋は，児童にノートに貼っておかせます。

●調理前に子どもと「評価基準」を決めておく

調理前に児童と実習の目標を決めておきます。児童には「どうなったら成功なのかな？」と尋ねます。すると，炒り卵の調理なら，「こげていない」「ボソボソになっていない」「おいしい」などの意見がでます。子どもの意見に加えて教師からも，「中まで固まっていたか？（火が通っていたか？）」と

48

第1章　Q&Aで分かる！家庭科授業づくりのアドバイス

いう観点は加えようなどと提案し，調理実習の評価項目を決めます。
　次に，「こげていない」はどの程度まではOKにするかなどの「評価基準」を児童と話し合って決めていきます。「おいしい」なら，「2人に食べてもらっておいしかったらOK」など，子どもは自分たちで「基準」も決めていきます。この評価基準と結果は，調理実習計画表に記入させます。これで個々の自己評価を見取ることができます。気づいたことは付箋に書いて交換し，ノートに貼らせます。

●調理は，なるべく1人1人が体験できるようにする

　ゆでる，いためるなどの調理は，1人1人が確実に体験できるようにしたいものです。そこで，各自が野菜を1つ選び，ゆで方を調べて個々に調理した野菜を集めて班で1つの「ゆで野菜のサラダ」にする方法もあります。これは個々の技能を評価できるので有効な方法です。
　また，野菜炒めの調理は，作業が短時間にできるので，1人調理が，お勧めです。教師は野菜炒めと調理した子とを続けて撮影し，印刷の際に1枚の写真に印刷します。

作り手と料理の一枚写真

　この場合，評価するのは，「中まで火が通っているか」の1点だけで十分です。
　中には火の通りの悪い調理もあります。その場合は，「友達と比べてごらん」と声をかけ，再加熱したいと言ってきたら加点します。こうして，なるべく1人で全過程の調理を行わせ，達成感を味わえるようにします。

●調理実習表の「ふり返り」欄から活動の工夫を読み取る

　子どもの技能は試行錯誤の中で育まれます。調理実習表の「ふり返り」欄は，評価のためのよい資料です。個々の子どもの工夫を読み取りましょう。

Q17 家庭生活への関心・意欲・態度の評価はどのようにすればよいでしょうか？

Answer

●家庭科の評価の観点とその趣旨を理解する

まず，4観点の趣旨を理解し，関心・意欲・態度の評価のねらいを明確に把握します。

〈家庭科の評価の観点とその趣旨〉

「文部科学省初等中等教育局長通知」（平成22年5月）をもとに著者作成

観　点	趣　旨
家庭生活への関心・意欲・態度	衣食住や家族の生活などについて関心をもち，その大切さに気付き，家庭生活をよりよくするために進んで実践しようとする。
生活を創意工夫する能力	家庭生活について見直し，身近な生活の課題を見付け，その解決を目指して，生活をよりよくするために考え自分なりに工夫している。
生活の技能	日常生活に必要な衣食住や家族の生活などに関する基礎的・基本的な技能（表現ではない点に注意：筆者）を身につけている。
家庭生活についての知識・理解	日常生活に必要な衣食住や家族の生活などに関する基礎的・基本的な知識を身につけている。

●関心・意欲・態度評価は2側面から ─学習に取り組む姿勢と，生活に活用する実践的な態度─

上記の趣旨から，関心・意欲・態度の評価には2面あることが分かります。

1つは，学習に取り組む姿勢や生活の営みに対する関心，ならびにその価値に気づき大切にしようとする家庭科学習に向けての態度に関する側面です。

もう1つは，学習した知識や技能を活用して家庭生活をよりよくしようと

第1章　Q＆Aで分かる！家庭科授業づくりのアドバイス

する実践的な態度の側面です。この2つを評価することを押さえます。

●家庭生活に対する関心・意欲・態度の評価の視点と方法

(1)　家庭科学習に対する関心・意欲・態度について

　これについては，以下のような観点からノートやワークシート類，発言，行動を具体的に見取って評価を行います。

　　・家庭生活を見つめ，生活の課題に気づいているか。
　　・衣食住を中心とした生活の営みに気づき，大切にしようとしているか。
　　・自ら進んで課題に取り組もうとしているか。
　　・自分の仕事に責任を持ち，協力して作業を進め粘り強くやりとげたか。

(2)　学習を生活に生かす実践的な関心・意欲・態度について

　これについては，以下の観点から，児童のノートやワークシート類，家庭実践の記録などを中心に評価を行います。

　　・学習したことを活用して，生活の中に生かそうとしていたか。
　　・意欲的に実践し，自分の成長に気づくことができたか。

　授業中の発言の中に，自分の生活に活用する立場での発言などがあればそれも記録しておき，評価に生かすようにします。学習後にそこで学習した知識や技能を用いる活用課題を設けて取り組み状況を見取る「パフォーマンス評価」も有効です。

```
            家庭科の関心・意欲・態度の評価
          家庭科学習に  │  生活に活用する
          取り組む姿勢  │     姿勢
```

(3)　題材の初発と終末の比較から見取る方法

　関心・意欲・態度の評価に有効な手立てとして，題材の初発と終末とに同じ課題を与えてイメージ・マップや感想を書かせて比較する方法もあります。

51

Q18 生活を創意工夫する能力の評価はどのようにすればよいでしょうか？

Answer

●思考・判断とその表現とを一体的に評価する

「生活を創意工夫する能力」では，家庭生活に問題意識をもち，課題を見付け，その解決を目指して「自分なりに」工夫する問題解決能力とその表現とを一体的に評価します。つまり，考えたことだけではなく，それをどう表現していたかを見取るわけです。

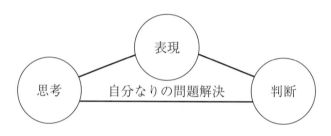

●結果だけでなく，工夫している過程も評価する

製作や調理では，完成した作品や料理だけを見て評価するのではなく，その過程での思考や工夫などのプロセス評価も行っていくことが大切です。それを見取るためには，製作の過程で考えたことを記録できる「作品製作カード」や，調理の過程で気づいたことや改善案を事後に記録することのできる「ふりかえり欄」のある調理実習計画表など，児童が記録するワークシート類を工夫して，思考の跡を具体的に見取ることができるようにします。

第1章　Q&Aで分かる！家庭科授業づくりのアドバイス

●単なる思いつきではなく，学習目標に対応した工夫をこそ評価する

　「自分なり」の工夫を評価すると言っても，それは単なる思いつきやアイデアを見取ることではありません。

　小物作りの製作の学習ならば，物の出し入れに適するように形や大きさが「自分なりに」工夫してあったり，物を入れた時に力のかかる部分を強くする縫い方の工夫がしてあったり，模様が外れないようにするために縫い目のあらさや縫い方を「自分なりに」工夫しているかといった点を見ます。模様そのもののかわいらしさや工夫などは，作品を楽しくする工夫ですが，そこに評価の重点があるわけではありません。あくまで「その題材のねらいに沿った工夫」が「自分なりに」行われていたかどうかを見取ります。

●パフォーマンス評価の導入

　1人1人の児童が，学習したことを「自分なりに」どう活用して問題解決を図ったかを見取る方法として，パフォーマンス評価法があります。

　これは，学習したことを適用または応用して解決する「パフォーマンス課題」を作成し，その解答を基に評価するものです。

　たとえば，野菜炒めの学習なら，「自分でめあてを決め，好きな野菜を3種類用いて野菜炒めを作る」という課題を出します。そして，めあてに対する工夫や結果を記録させて，創意工夫の仕方を評価するというものです。

1 家庭科はじめの一歩！(1) 家庭科カルテを作ろう！

学習準備　**所要時間 15分**

初めて家庭科を学習する児童を安全・安心な環境で学習させるためには，教師の丁寧な準備が必須。
学習を始める前に，まずはアンケートで個々の状況を丁寧に把握しておこう。

1 活動のねらい

　家庭科の学習に対する児童の期待と不安は大きい。また，食物アレルギーや先端恐怖症などを抱えている児童もいる。5年生でクラス替えをしたばかりの児童を受け持つ場合は特に，個々の児童の事情がつかめていない。そこで，学習前に，児童の生活経験，不安，教師に知らせておきたいこと，願いなどを「家庭科カルテ」の形でアンケートしておき，今後の指導に生かすようにするとよい。

2 いつ どのように どうする？

　家庭科の最初の時間に10分間程度で記入できるものにする。
　内容には，衣食住に関する生活経験，先生に伝えておきたいこと（食物のアレルギーや野菜は食べられないなど），不安に思っていること，できるようになりたいことなどをたずねておく。
　おこづかいの金額など今後の学習で使えそうなものも加えておくとよい。

3 こんなところに留意しよう

　全員が安全・安心に家庭科ができるようにするためのものであることを児童に説明する。
　アンケートは1人1人が教師に手渡しで集める。
　保管にも十分気を付け，児童の信頼に応える。
　保護者会でも個々に補足してもらい，個別指導に生かす。

> 統計的に使えば，保護者会の資料になります。

第2章 実生活に役立つ！題材別・家庭科授業のアイデア50

ワークシート

家庭科カルテ

年　組　番（　　　　　　　　）

◆どんなことをどのくらい自分でしているのか，あてはまるところに〇をつけてみましょう。

	こ　と　が　ら	まかせて	まあまあ	たまに	していない
1	ガスをつけてお湯をわかす。				
2	包丁で野菜や果物を切る。				
3	包丁で野菜や果物の皮をむく。				
4	フライパンで料理を作る。				
5	なべで野菜や肉などをにる。				
6	かん切りでかんづめをあける。				
7	急須で日本茶をいれる。				
8	お米をとぐ。				
9	電子レンジを使う。				
10	針を使って手ぬいをする。				
11	ミシンを使ってぬう。				
12	上ばきを自分であらう。				
13	洗たく物をたたんでしまう。				
14	ごみを地域のきまりどおりに分けて捨てる。				
15	1人でよい物を選んで買物をする。				

◆どんな料理を作ったことがありますか？

◆家庭科でしてみたいのはどんなことですか？

◆先生に伝えておきたいことを書きましょう。

55

学習準備

2 家庭科はじめの一歩！(2)
最初の授業 GO！GO！家庭科室探検

所要時間　45分

初めて家庭科室を使う児童は好奇心でいっぱい。そこで探検スタイルにして家庭科室にある物を探す活動をしよう。その後それらはどの学習で使う物なのか教科書で題材を探すと，2年間の学習の概要がつかめる。

1　活動のねらい

家庭科室にある物を探し，どの題材でそれらを使うのかを教科書で調べる活動を通して，2年間の学習の見通しをもつ。

2　いつ　どのように　どうする？

家庭科の最初の授業。説明→作戦タイム5分→活動時間20分→集合→教科書探し10分→2年間の学習の概要の説明。

班で活動する。初めに「作戦タイム」を持ち，目星をつける。

探検活動を行う。見つけた「置き場所」をワークシートに記入する。早く見つけた班から着席し，教科書にその物が初めて登場するページを探してワークシートに書き込む。

3　こんなところに留意しよう

20分くらいで全班が達成できる数の物を探させよう。

「極秘の任務」という設定にして，他の班に悟られないように静かに行わせよう。ジェスチャーでやりとりするなど工夫させると楽しい。

最初に「作戦タイム」を取り，隠れ場所にめどをつけさせよう（この時は声を出してよいことにする）。

早く見つけ出した班だけでなく，チームワークのよかった班，ていねいに探していた班などをこそほめること。

56

第2章 実生活に役立つ！題材別・家庭科授業のアイデア50

ワークシート

GO！GO！家庭科室探検マップ

年　組　番（　　　　　　　）

きみたち探検隊の任務は，下の物を探し出すことだ。見つけたら置いて
ある場所とそれがのっている教科書のページを書き出してほしい。そし
て，全部見つけたら，ただちに本部（○○先生）に知らせよう。すべて
クリアした優秀な探検隊だけに，ビッグなはんこが押される。
なお，この任務は極秘なので他の隊にさとられないように行うべし。
時間は20分だ。諸君の成功を祈る！

探す物	置いてある場所	ページ	探す物	置いてある場所	ページ
フライパン			たらい		
フライ返し			アイロン		
さいばし			竹尺(50cm)		
まな板			急須 （きゅうす）		

	食器だな	食器だな	食器だな

窓

教卓	教卓	教卓	教卓

教卓	教卓	教卓	教卓

教卓

戸だな		殺菌庫

57

3 家庭科はじめの一歩！(3) 学習班はどう作ればよい？

学習準備 所要時間 15分

実践的・体験的な活動が多い家庭科では、通常4～6人で班をつくる。班は6つか8つ。偶数個にするとよい。班の編成は必ず男女混合に。班内では各自に1番から順に番号を割り振っておくと、教師の指示が通しやすい。

1 活動のねらい

実践的・体験的な活動をスムーズに展開できるようにする。

2 いつ どのように どうする？

最初の時間。10分間。
席決めと同時に行う。男女は必ず同じ班に同数とする（これは大事）。
〈席決めの方法例〉

①あらかじめ、B4の紙に机と番号を書いておく。
②児童は付箋に名前を書く（付箋は男女色別にする）。
③弱視など個別支援の必要な児童の席を決め、自席に付箋を貼らせる。
④次に、底に番号を書いた割り箸を各自1本引かせ、引いた番号の所に自分の付箋を貼らせる。

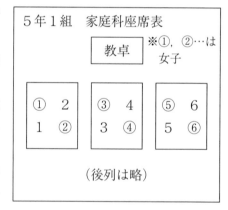

3 こんなところに留意しよう

班は「家族」と同じ。選べないけれど、仲良くする。家庭科では、人と仲良くすることも勉強。だから「自由席」ではなく、くじ引きでとしたい。
題材によっては、作業の得意な子に各班に入ってもらうことも。

第2章 実生活に役立つ！題材別・家庭科授業のアイデア50

おすすめアイデア

班活動を活発にするために，次のようなアイデアがあります

①発表ボードに画板を使おう。

プラスチック製の画板を使うと，安価で軽くて黒板にもかけられ，手軽で便利です。

②キーワードで発表させよう。
（☆お茶の水女子大学附属小学校岡部雅子先生のアイデア）
〈例：家庭科室の汚れの多い所調べ〉

| すみっこ | 目立たない所 | 風の通らない所 |

一番伝えたいキーワードだけを短冊に書かせて発表させると，全部の班の話し合いを黒板に貼り出すことができます。
キーワードにすることで，言語活動のよい学習機会にもなります。

③よい活動をした班に「うまくいった秘訣」を発表してもらう。

　調理実習で一番早く後片付けができた班，たくさんの話し合いが行えた班などに，うまく活動ができた秘訣を大いに自慢させよう。

　そのためには，どの班の協力状態がよいのかをよく見ておき，よい活動を展開している班を大いにほめることが大切！ほめるとは，児童にしてほしい行いを「行動強化」することなのです。

学習準備

4 家庭科はじめの一歩！(4)
学習用具はどう用意させればよい？

所要時間　20分

　家庭科に必要な用具は，大きくは裁縫用具と調理に必要な身じたくの2つ。保護者にも，児童用教材と100均ショップの用具との違い，エプロン選びの注意点などを説明し，適切な物を用意してもらおう。

1　活動のねらい

保護者に学習用具を説明することで，適切に準備を整えてもらう。

2　いつ　どのように　どうする？

　4学年最後の保護者会または，5学年最初の保護者会で説明する。
　必要な学習用具については，おたよりでも知らせる。

3　こんなところに留意しよう

Q1：裁縫道具は，100円ショップの物でもかまいませんか？

A：縫い針だけは，教材用の物を購入してもらいましょう。100円ショップの針は針穴が小さいので，児童向きではありません。また，まち針は頭部が平たい「セル待ち針」を揃えてもらい，記名も忘れずにしてもらいましょう。「セル待ち針」は100円ショップでも購入できます。

Q2：裁ちばさみも購入してもらった方がよいですか？

A：裁ちばさみはなるべく学校で備品として人数分揃えておきます。個人で購入させる場合は，布専用の物を。紙用のばさみでは代用できません。左利きの児童は専用の物を購入してもらいましょう。市販の児童用教材でも左利き用はさみは取り扱われています。

Q3：裁縫箱は，どのような物がよいですか？

A：裁縫用具が全て入り，持ち運びに適した重さや形の物を。お菓子の空き缶の再利用などを勧めたい。購入する場合は，高校生まで使えるデザインの物を選ぶようにと助言しましょう。

第2章 実生活に役立つ！題材別・家庭科授業のアイデア50

資料

5年　家庭科だより　NO.1

2014.4.8
春野さくら

はじまして　家庭科です

　新しく「家庭科の学習」が始まりました。家庭科では，毎日の生活に目を向けて学習します。4年生までに学習してきたことを土台にして，「なぜだろう？」と調べたり，「こんなだったらいいな」とやってみたりします。授業の後で，今まで当たり前だと思っていたことのよさや意味があらためて分かるようになったり，自分でできることが増えていったりしたらいいですね。生活をよく見つめ，学んだことは自分の生活にどんどん生かしていきましょう。

家庭科で使う物です。早めに用意しましょう。
保護者の皆様へ

　進級おめでとうございます。5年生から新たに家庭科の学習が始まります。家庭科は，毎日の生活の中から学習課題を見つけ，家族の一員として家庭生活をよりよくしようと行動する態度を育む教科です。

　そのため，どんなことに気を付けて包丁を使っているのかなどご家庭でのやり方について保護者の皆様に教えていただく機会があります。また，卵や野菜などを使った調理を学習しますので，子どもたちに予習，復習の機会を与えていただくこともあります。「おいしかったよ」「よくできたね」。保護者の皆様からのひとことが，子どもには無上の喜びとなり励みとなります。どうぞご理解，ご協力のほどお願い申し上げます。また，何か学習に関しまして伝えておきたいことなどがございましたら，春野までご連絡ください。

5 家庭科はじめの一歩！(5) めざせ！身じたくマスター

学習準備　所要時間 15分

児童の安全・安心を守るために身じたくをきちんと整えさせることは大事。
　これは，一緒に学ぶ友だちの安全を守ることでもある。このことをしっかりと伝え，互いに気を付け合える仲間関係をつくる。

1　活動のねらい

調理実習の身じたくが短時間で調えられるようになる。

2　いつ　どのように　どうする？

調理で大切なことは何かを考えさせる。
　全体の中で身じたくにかけられる時間を考えさせ，危機感を引き出す。
　「身じたくに10分かかったね。後片付けには15分かかるから，残りは何分？→そのうち全員手を洗うのに3分，先生の説明が10分だよ。残る調理の時間は？……7分！！どうする？」

清潔

安全！

調理する時間が減る！

身じたくを早くできるようにしなくては！

後片付けの時間も減らそう。

3　こんなところに留意しよう

まず全員ができる範囲からスタートする。特別支援の必要な子に配慮。

第2章 実生活に役立つ！題材別・家庭科授業のアイデア50

①3分間 de 身じたくマスター
3分間音楽を流して，終わる前に身支度が終わっているようにする。

②身支度居残り
3分間でできない子は居残り！（ただし，お手伝いあり。支援の必要な子にはどんどん支援してあげるように話す）。

③忘れ物第1位「三角巾」を忘れない方法

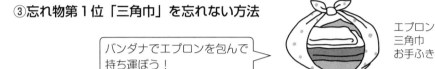

資料　図解　身じたくマスターのひみつ！

＊毛足の長いセーターなどを着ていたら，腕まくりさせるか腕カバーをさせる（防炎性のある腕カバーを家庭科室に1～2個常備しておくとよい）。

学習準備

6 家庭科はじめの一歩！(6)
家庭科の授業のつくり方

家庭科には，独特な授業づくりのスタイルがある。それは，身近な生活から問題点を見つけたり，児童の思いや願いから学習課題を立ち上げ，問題解決的に学習し，その成果を生活に生かして実践する点である。

1 活動のねらい

子ども主体の授業作りをめざす。

2 いつ どのように どうする？

STEP1 授業の骨組みを立てよう

見つめる　気づく　→　行う　考える　→　ふりかえる　→　まとめる（概念化する）

子どもはどんなことを知っているだろう？できるだろう？
子どもはどんな考えをもっているのだろう？
子どもはどんなことが知りたいだろう？
観察，アンケートなどを使ってリサーチをする。

STEP2 児童にできそうな「めあて」と「考えること」を決めよう

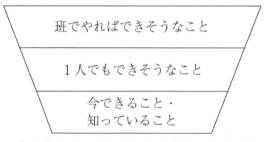

1時間に主な「めあて」は1つ。子どもにとって，少しのサポートがあれば届くくらいの「めあて」にする。

1人では少し難しいが班で力を合わせてやればできそうなことを「ねらい」に。

「考えること」とは「今できること，知っていること」を使えば，考えられる「手の届く問い」のことです。

第2章 実生活に役立つ！題材別・家庭科授業のアイデア50

STEP3　子どもが「めあて」を達成するために必要な活動を考えよう

◆ めあてを行動目標に細分化し，それぞれを達成できる活動を考える

〈めあて〉　　〈行動目標〉　　　　　　　　〈具体的な活動〉

包丁を安全に扱って食材を切ることができる。	包丁を正しい姿勢と手の形で持つことができる。	包丁を正しい姿勢で持つ。（ペア学習）
	包丁のみねに手を当てて食材を切ることができる。	果物を半分に切る。（2人で1つの果物）
	食材を猫の手の形で押さえ，刃先から包丁を入れ，食材を切ることができる。	果物を1/8に切る。（ペア学習）
	包丁の安全な洗い方，拭き方，置き方，渡し方ができる。	順番に包丁を洗って拭き，次の人に渡す。（グループ学習）

STEP4　評価の仕方を考え，授業全体を見直そう

たとえば，

包丁の安全な扱い方ができる
↓
グループ内で相互評価する

【評価の手立て】
評価のルーブリックを児童に明示し，ワークシートに記録させる。
例：スポンジを刃先に向かって一方通行に動かして洗えたら合格！

包丁で食材を切ることができる

左手は猫の手の形　　包丁を持った方の足を一歩後ろに

まな板　45°

【評価の手立て】
●ワークシートに評価を記録させる
●机間巡視し，座席表に記録する
●切った食材と児童を写真に撮って記録する

ガイダンス

7 家庭科って何？(1)
ゆで野菜のサラダから考えよう

所要時間 45分

家庭生活の幅広さや関わりの再認識から家庭科を始めたい。ここでは，ゆで野菜のサラダを例にして，ひとつの食事が整えられて終わるまでの営みを考えることで，そこに気づかせることをねらいとしている。

1 活動のねらい

家庭にはさまざまな仕事があることに気づく。　　　　　　（関心・意欲・態度）

2 活動の評価

家庭の仕事についての理解が広がったか。　　　　　　　　（イメージ・マップ）

3 展開例

①調べる。
「ゆで野菜」を作って食べて片付けるまでにはどんな家の仕事があるのだろう？

イメージ・マップを書く（各自ワークシートに→班で画用紙に）。

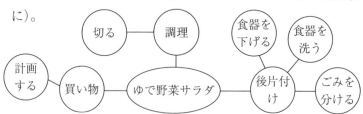

②交流する。　班で画用紙に書いたイメージ・マップを黒板に貼る。
教師がまとめたボーン（魚骨）図を見る。
③まとめる。　各自が書いた学習前のイメージ・マップに赤で付け足す。
この学習で気づいたことを発表し合う。

4 こんなところに留意しよう

イメージ・マップには行動の言葉で書かせる（×調理→○切る等）。

第２章　実生活に役立つ！題材別・家庭科授業のアイデア50

ワークシート

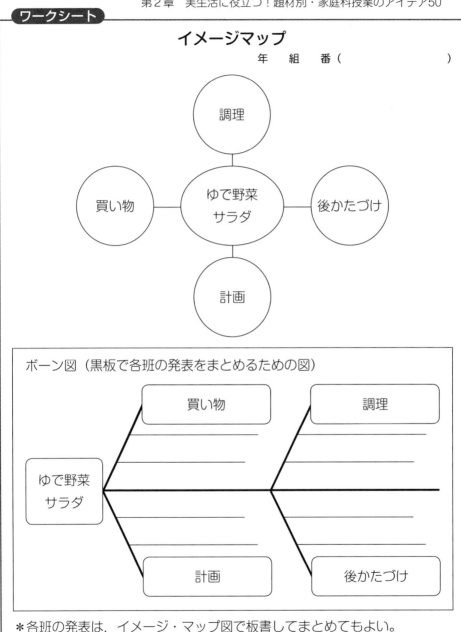

＊各班の発表は，イメージ・マップ図で板書してまとめてもよい。
＊ボーン図は，大きな内容を細かく要素に分けて考える時に有効な表現方法。

ガイダンス

8 家庭科って何？(2)
どうして5年生から始まるの？

所要時間　45分

「家庭科がなぜ5年生から始まるのか」を話し合うことを通して，4年生までの学習や生活体験をふりかえる。それを基に，今後さらにつけたい力を話し合い，子ども1人1人に学びへの展望をもたせよう。

1　活動のねらい

自分の成長を自覚し，これからの学習への展望をもつ。

（関心・意欲・態度）

2　活動の評価

自分の成長を自覚し，これからの学習への願いや思いをノート等に書くことができたか。

（ノート）

3　展開例

①どうして家庭科は5年生からなのかを考える。

②話し合う。

③考えをノートに整理する。なりたい自分の姿を書く。

この間4年生にこう聞かれました。
「どうして家庭科は5年生からなの？私たちだってやりたいな」
家庭科はなぜ5年生からなのでしょう。
みなさんは，どう考える？

＊この発問が大事！！
「どんな時にそう思った？」

4　こんなところに留意しよう

体や手先の発達だけでなく，下級生の面倒をみるなど他者のために行動できるようになってきたことに気づかせる。

「どんな時にそう思ったか」発問し，成長を実感した時を具体的に語らせ成長を自覚させる。今後の学習への展望がもたせられる。

第2章　実生活に役立つ！題材別・家庭科授業のアイデア50

ワークシート

高学年へホップ・ステップ・ジャンプ
「ひとりでできるもん度チェック」をやってみよう！

年　　組　　番（　　　　　　　　　）

自分でできることを増やしていこう！

☆実力チェック　　下のように色分けしてみよう

　（自分でできる→緑　ときどきできる→黄　手伝ってもらう→赤）

☆できるようになったら上に黄色や緑色の○シールを重ねて貼っていこう！

ことがら	チェック	ことがら	チェック
1　自分で起きられる		18　衣類の整理	
2　ふとんたたみ, ベット直し		19　机の上, 中の整理	
3　パジャマたたみ, かた付け		20　学習する所のそうじ	
4　衣服を選んで着る		21　本だなの整理	
5　洗顔		22　ごみ捨て	
6　朝晩の歯みがき		23　ふろ上がりの用意	
7　家庭学習		24　明日の学習の用意	
8　給食のナプキンの洗たく		25　ハンカチの用意	
9　給食のナプキンの用意		26　ふとん, ベットの用意	
10　くつ下の洗たく		27　こづかいの記録	
11　ハンカチの洗たく		28　ボタン付け	
12　上ばきの洗たく		29　持ち物の記名	
13　名札を付ける		30　学用品の数のチェック	
14　食卓の用意, 配ぜん		31　おもちゃ, 本のかた付け	
15　食器のかた付け		32　家族へのあいさつ	
16　食器洗い			
17　洗たく物たたみ			

69

A　家庭生活と家族

9 ロールプレイング
お留守番コーチへの道

学習指導要領A(1)ア

所要時間　1時間

　ロールプレイングのよさは，どう行動すべきかを具体的に考えられる点にある。お留守番を安全・安心にするためには，戸締まりなどの安全管理や近隣との協力が欠かせない。そこに気づけるように展開したい。

1　活動のねらい

　家庭にはさまざまな働きや仕事があり，家族がそれらを担っていることに気づき，家庭生活への関心を高める。　　　　　　　　　　　　（関心・意欲・態度）

2　活動の評価

　ワークシートに家庭の仕事や役割について，ロールプレイング後に新たに気づいたことを書くことができたか。　　　　　　　　　　　　　（ワークシート）

3　展開例

①体験を基に留守番に必要な力を挙げる。 ⟨ 弟・妹の面倒をみる。

②留守番のロールプレイングをする。 ⟨ すぐにドアを開けない。

③気づいたことを書き，家庭に必要な仕事を話し合う。
⟨
・戸締まりや火の用心。
・洗濯物を取り込んだり，たたんだりする。
・簡単な食事の用意。
・日頃から近所の人と助け合う。

4　こんなことに留意しよう

　3分間でまとめさせる。首から役名を書いたボードを下げる。

　友だちの発表を冷やかしたりしないなどの約束を決めておく。

　家庭の仕事（商店，工場経営など）によっても異なることに触れる。

70

第2章　実生活に役立つ！題材別・家庭科授業のアイデア50

ワークシート

お留守番コーチへの道

年　　組　　番（　　　　　　　　）

1 安全・安心に留守番をするためには，どんな家の仕事ができるとよいですか（ロールプレイング体験前は黒，体験後は赤で書きましょう）。

----

2 家に帰ったら，次のような置き手紙がありました。どんなピンチがありそうですか。また，そのピンチをどうやってきりぬけたらよいでしょうか。3分間のドラマをつくって演じてみましょう。

> 「おばあちゃんの具合が急に悪くなったので，様子を見に行ってきます。今日はお父さんの帰りが遅いので，夕飯は何か作るか買うかして食べて下さい。3000円置いていきます。洗たく物は取り込んでおいてね。困ったことがあったら電話してください。お母さんより」

　　すると，急に外が暗くなり，雷が鳴り始めました。そこへピンポーンとドアのチャイムが聞こえてきました。おや？電話も鳴っています。

　　　　役割：3才の弟，（小学1年生の妹），小学5年生の自分

　　　　　　　たずねてきた人，電話をかけてきたセールスの人

　　　　　　　＊（ ）は，人数によって増やすか減らすかしましょう。

★お留守番道のグレード表★今のあなたはどっち？○をつけよう。

　☆白帯……家の人に言われたことは，できる。

　★黒帯……家の人が安心して出かけられ，帰ってきたら「助かった！」と言われることをしておける。

3 この学習で分かったこと・思ったことを書きましょう。

A　家庭生活と家族

10 10分間仕事で家のコト探検

学習指導要領A(1)ア
所要時間　10分

児童には家の仕事を楽しんで実践させたい。それには時間を区切って取り組ませるとよい。10分間家のコトをし，10分でやめる。発見したことを友だち同士交流させると，家庭生活への興味・関心が高まる。

1　活動のねらい

家庭にはさまざまな仕事があり，家族がそれらを担っていることに気づき，家族の一員として進んで協力しようとする。　　　　　　　　（関心・意欲・態度）

2　活動の評価

表に実践したことと気づいたことを書くことができたか。　（ワークシート）

3　展開例

①家庭にはどのような仕事があるかを書き出す。

②仕事を仲間分けして班ごとに発表する。

③家庭生活に必要な仕事についてまとめをする。

④10分間家のコト実践表に記録する。

【書き出しの方法】
①付箋に書き出してノートに貼る。
②紙を簡易KJ法で折り16個書く。
③班で話し合いボードに書く。

同じ仲間にまとめる（KJ法）。

【簡易KJ法の紙の折り方】
＊1枚の紙を4回半分にたたむ。
16マスの各マスに1こずつ書く。

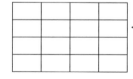

1人1人の紙の色を変えると，模造紙に貼った後も誰が書いたか評価ができる。

4　こんなところに留意しよう

まずは自分のことから。10分間でやめる。無理しない。継続が力。家庭の協力を頼む。

第2章　実生活に役立つ！題材別・家庭科授業のアイデア50

ワークシート

10分間家のコト実践表
—見るとやるとじゃ大ちがい！わたしの「家のコト」発見記—

年　　組　　番（　　　　　　　　　）

10分間　家のお仕事カレンダー

	月	火	水	木	金	土	日	今週の自分 （○でかこむ）
日にち								やった！
行った 仕事								まずます
								ちょいと
								とほほほ
	月	火	水	木	金	土	日	今週の自分 （○でかこむ）
日にち								やった！
行った 仕事								まずます
								ちょいと
								とほほほ

どんな 仕事を したの かな？	◆行った仕事を次の色でかこんでみよう。	
	①自分のこと……………………赤色	〈例〉机の上を片付けた。
	②家族のこと……………………黄色	〈例〉弟のめんどうをみた。
	③自分と家族のこと…………緑色	〈例〉さらあらいをした。

〈感　想〉	〈家の人から〉

A　家庭生活と家族

11 ポップコーンとお茶で団らんしよう！

学習指導要領A(3)B(3)
所要時間　2時間

　5年生の初めは，調理をしてみたい気持ちでいっぱいである。それに応え，楽しい団らんの計画を立てさせよう。ポップコーンは簡単で加熱すると30倍もふくれるので意外性があり，調理の楽しさを満喫できる。

1　活動のねらい

安全にガスこんろを扱うことができる。　　　　　　　　　　　　　　　　　（技能）
おやつを作り，団らんを楽しく工夫しようとする。　　　　　　　　　　　（創意工夫）

2　活動の評価

安全にこんろに点火することができたか。　　　　　　　　　　　　　　　　（観察）
家庭実践に学習をどのように生かそうとしたか。　　　　　　　　　　（実践計画表）

3　展開例

①団らんを楽しくするものを挙げ，実践見通しをもつ。

ポップコーンは班（4～5人）で50g用意する。

②ポップコーンとお茶の実習をする。

家庭での実践用に1人50gの豆をおみやげ用に用意する。

③団らんの実践計画を立てる。

4　こんなところに留意しよう

ポップコーンのお皿は紙で折って作ろう。B4の紙を2枚用意し，お皿を2つ作る。お皿には必ず名前を書かせておくようにする。

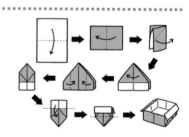

第2章 実生活に役立つ！題材別・家庭科授業のアイデア50

ワークシート

ポップコーンを作ろう

年　組　番（　　　　　　）

◆学習のめあて
　①安全にガスこんろを使える。
　②油よごれの食器の後かたづけができる。

★ポップコーンを作ってみよう！

〈材料〉1班（4～5人）分
　・ポップコーンの種　50g　　・塩　少々
　・油　大さじ1ぱい半

〈作り方〉
　①なべにポップコーンの種50gと油大さじ1ぱい半を入れる。

　②なべにふたをして、こんろを点火する。（中火）

　③なべの中ではじける音がしたら弱火にし、両手でなべをゆする。

　④音がしなくなったら火をとめる。
　＊全部の班が終わるまでふたを取らずにそのまま待つ。

　⑤おさらに出して、塩をふる。

◆ふりかえってみましょう　　　　　　　　　◎　○　△

①元せん→ガスせん→点火→ガスせん→元せんができた。	
②油で汚れた食器を紙でふいてから洗った。	
③さらに工夫できること(調理の仕方，味つけなど)を書きましょう。	

75

A　家庭生活と家族

12 子どもが大好き！調理の基礎も学べる団らんのおやつ

学習指導要領A(3)B(3)　所要時間　45分

子どもは，おやつ作りが大好きです。その機会をとらえて，調理の基礎も学習してしまいましょう。おやつ作りは学級行事にも活用できます。

1　活動のねらい

調理に関心をもち，基礎的な技能を身に付ける。　　（関心・意欲・態度）(技能)

2　活動の評価

すすんで活動に取り組んでいるか。　　　　　　　（活動の観察，ワークシート）

3　展開例

(1)　**すぐにできちゃうキャラメルポップコーン**

〈材料〉（1班：4～5人分）・ポップコーンの種　50g　・マシュマロ　6個　・油　大さじ1ぱい半　・バター
〈作り方〉
　①マシュマロとバターを鍋に入れ，弱火で溶かす。
　②ポップコーンを①の中に入れて，キャラメルをからませる。
　＊ポップコーンの作り方はp.74～75を参照。

(2)　**失敗しない　固くならない　栄養満点　豆腐白玉**

〈材料〉・白玉粉　250g　・とうふ（絹ごし）　300g
〈作り方〉

①ボウルに白玉粉と豆腐を入れて，耳たぶくらいの固さにまとめる。

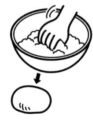

②①をちぎってまるめながら，湯の中に入れる。浮き上がってから2分間はゆで続ける。

第2章　実生活に役立つ！題材別・家庭科授業のアイデア50

③あみじゃくしですくい水で冷やす。
④好きなたれを付けてどうぞ。

〈参考〉みたらしだんごのたれ
・しょうゆ…大さじ3・砂糖…大さじ8
・片栗粉…大さじ1・水…120ml
を全部混ぜて、中火で煮溶かす。

(3) 楽しい包丁使いの学習　オレンジのスマイルカット

①オレンジのへたの部分を横にして半分に切る。

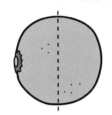

包丁をこわがっている場合は，洋食用ナイフで持ち方や手の動かし方を練習させましょう。

②①をまな板の上に切り口を下にして置き，半分に切り（ア），さらに半分に切る（イ）。

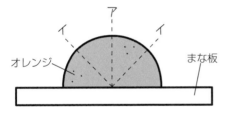

スマイルカット

(4) 計量スプーンの使い方の学習　スライスきなこ餅

①なべに湯を沸かし，スライス餅を軽くゆでる。スライス餅は，サッと湯にくぐらせるだけで食べられるので便利です。
②各自の小皿にきなこと砂糖を1対1の割合でまぜる（割合は好みで加減する）。

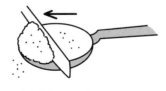

すり切りべらで
平らにする

	A　家庭生活と家族

13 炊飯器ケーキと紅茶で団らんしよう！

学習指導要領 A(3)

所要時間　45分
（そのうち調理時間は5分）

　6年生の初めも，家族との団らんから学習をスタートしたい。炊飯器ケーキは手間いらず。学習計画を立てている間にケーキが自動的にできあがる。炊飯器なので子どもにも手軽で安全。ケーキの工夫も楽しめる。

1　活動のねらい

おやつを作り，団らんを楽しく工夫しようとする。　　　　　　　　　（創意工夫）

2　活動の評価

家庭実践に学習をどのように生かそうとしたか。　　　　　　　　（実践計画表）

3　展開例

①炊飯器に材料を入れて軽く混ぜ，スイッチを入れる。

> 2班で1つのケーキを作る。
> 材料を混ぜるのは1人で十分。

②お湯を沸かして紅茶をいれる。

③ケーキを食べながらさらに工夫したいことを話し合う。

> 工夫は，子どもに自由に考えさせて発表させる。生地に何かを混ぜる工夫，半分に切って何かを挟む工夫，表面にのせたり，飾ったりする工夫が出てくると楽しい。

4　こんなところに留意しよう

　炊飯器は班の数の半数あればよい。（例：8班なら4台）

　ケーキ1つで2班分になる。1つの班がケーキを半分に切り，残りの班がどっちにするかを選ぶ。こうするともめることがない。

　卵や牛乳のアレルギーのある児童の班には，豆乳を使う。

　ホットケーキミックスにも卵等が使われていないか確かめておく。

78

第2章　実生活に役立つ！題材別・家庭科授業のアイデア50

ワークシート

炊飯器ケーキでお茶を楽しもう！

年　　組　　番（　　　　　　　　　）

	ケーキ		紅茶	
材料	・ホットケーキミックス 　…300ｇ ・牛乳…150ml ・卵…1個		・紅茶パック…各班2袋 ・砂糖…適宜	
①卵と牛乳を混ぜる				
②粉を入れる	ホットケーキミックス			
③炊飯器のスイッチを入れる		①お湯をわかす		
④半分に切る		②ポットに紅茶を入れて湯をそそぐ		
⑤もりつける		③カップにそそぐ		
感想				
こんなケーキにしたいな				

	A　家庭生活と家族

14　ごみ置き場でどうしてる？

学習指導要領A(3)イ
所要時間　25分

　家庭のごみを地域のごみ置き場まで運ぶことを家庭での仕事にしている児童は多い。ここでは，ごみ置き場での地域の人との関わり方をロールプレイングで表現させ，よりよいコミュニケーションの仕方を工夫させる。

1　活動のねらい

地域の人とのよりよい関わり方を考え，工夫する。　　　　　　　（創意工夫）

2　活動の評価

自分なりによりよい関わり方を工夫している。　　　　　（ロールプレイング）

3　展開例（＊登場人物の名前は適宜変える）

①ごみ出しをした時の体験を発表し合う。 ┤ どんな人に出会ったか。困ったことや気づいたことは無かったか話し合う。

②ごみ置き場でのロールプレイングを行う。 ┤ 第1回目は，台本どおりに演じる。→気づいたことを話し合う。

③気づいたことを話し合い，班内で再度ロールプレイングを行う。 ┤ 第2回目は，班で考えたセリフで演じる。気づいたことを話し合い，近隣の人々への話し方や配慮することなどを話し合う。

〈ごみを出す場面での会話例〉

ゆうじ　　　（無言でごみ置き場にごみを置く）

ご近所さん　「おはよう。ゴミ出し？　えらいね。（ほうきで掃除しながら）
　　　　　　あっ，これ（ペットボトルを指さして）今日じゃないよ。
　　　　　　○○○○……水曜日に出してね。」

ゆうじ　　　「○○○○○……」

＊お互いが気持ちよくなる○○○の部分のセリフを工夫させる。

80

第2章　実生活に役立つ！題材別・家庭科授業のアイデア50

ワークシート

ごみ置き場でどうしてる？―ロールプレイングをやってみよう―

年　　組　　番（　　　　　　　　　）

〈やり方〉

　①3人組を作る。

　②2人はご近所さんとゆうじ役を演じる。1人は記録・観察をする。

　③ゆうじのせりふを考えて，演じてみる。（ロールプレイング）

　④観察役の人はせりふを記録する。

　⑤演じてみた感想，観察した感想を伝え合う。

〈ロールプレイングの場面〉 ＊せりふを考えて演じてみよう

朝，ごみ置き場にごみを出そうとしたら，ゆうじは近所の人に出会った。

ゆうじ　　　（無言でごみ置き場にごみを置く）

ご近所さん 「おはよう。ゴミ出し？　えらいね。（ほうきで掃除しながら）

　　　　　　あっ，これ（ペットボトルを指さして）今日じゃないよ。

　　　　　　〇〇〇〇……水曜日に出してね。」

ゆうじ　　　「　　　　　　　　　　　　　　　　　　　　　　　　　　」

ご近所さん 「　　　　　　　　　　　　　　　　　　　　　　　　　　」

ゆうじ　　　「　　　　　　　　　　　　　　　　　　　　　　　　　　」

〈演じてみた感想〉	〈観察した感想〉

81

B 日常の食事と調理の基礎

15　お茶名人からの挑戦状

学習指導要領 B(1)ア (3)オ
所要時間　45分

　ここでは湯をわかすことで，ガスこんろの安全な扱い方を学ばせると共に，班で協力して問題解決を図ることのよさを味わわせる。
　また，日本茶に関心をもち，すすんで調べようとする態度を育てる。

1　活動のねらい

ガスこんろを安全に扱い，湯をわかすことができる。　　　　　　　　　　　（技能）
日本茶のいれ方を知り，日本茶について関心をもつ。　　　　　　　（技能，関心）

2　活動の評価

ガスこんろを安全に扱って，湯をわかすことができる。　　　　　　　　　（観察）
日本茶をいれることができる。　　　　　　　　　　　　　　　　　　　　（観察）
日本茶に関心をもち，家で実践したり，調べたりする。　　　　　　　　（ノート）

3　展開例

①ガスコンロの使い方の示範を見る。

②「お茶名人からの挑戦状」を読み，作戦を立てる。

③教科書でいれ方を調べ，お茶をいれる。

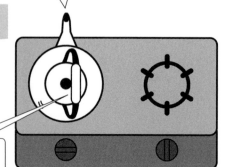

やかんの口から熱風が出てくるので，口は必ず内向きにさせる。

やかんの持ち手を横に倒しておくと熱くなるので，必ず立てさせておく。

第2章　実生活に役立つ！題材別・家庭科授業のアイデア50

4　こんなところに留意しよう

初めてガスこんろを使うのは，不安なものである。まずは，教師がしっか
りと示範を示すとよい。その際，次の3点は必ず押さえたい。

①ガスは元栓と器具栓の2カ所を開閉する
　こと。どうなったらガス栓が開いている
　状態，閉まっている状態なのかを具体的
　に目で確かめさせる。

> 「元栓は9時になったら『お
> はよう！』，12時になったら
> 『お休みなさい』だよ」など
> 印象に残る言葉がけをすると
> よい。

②器具栓は，素早く確実に開かせる。

> 「カチッと音がするまで器具
> 栓を回す」など具体的に指示
> する。

③しゃがんでこんろから炎が出ているか，
　必ず目で確かめることを徹底させる。

> 慣れてくると，こんろの炎を
> 確かめず立ったまま器具栓を
> 回そうとする児童が出てくる
> ので十分注意する。

おすすめアイデア

模造紙に下のようにお茶のいれ方のポイントを書き掲示しておきましょう。

お茶名人からの挑戦状

その1　湯はたりなくても，あまってもならぬ
　　　　ちょうどよい量を　わかすべし

その2　どの茶碗にも同じこさに茶をいれるべし

その3　おもてなしの心で　おいしい温度でお茶をいれるべし

B 日常の食事と調理の基礎

16 どんな食べ方がよいのかな？

学習指導要領B(1)ア・イ

所要時間 45分

1人で食べる「孤食」と，みんなで食卓を囲む「会食」。2つの食事の仕方を体験することによって，食事にはコミュニケーションが大切なことを実感をもって理解する。

1 活動のねらい

食事の役割を知り，日常の食事の大切さに気づく。 （関心・意欲・態度）

2 活動の評価

食事の役割について活動の前と後にイメージ・マップを書き，健康や成長の面だけでなく，心や関係性を豊かにすることについても気づきが書かれているかどうかをみる。 （イメージ・マップ）

3 展開例

① 「なぜ食べるのか」考え，理由をイメージマップに書く。

② 小さなゼリーを1人で黙って食べる。

こんにゃくゼリーは避ける（慌てて食べると窒息の危険がある）。
小さなビスケットなどもよい。1人で黙々と食べた時と，班で話しながら食べた時とを比較させるとよい。

③ 昔のチューブ型宇宙食の写真を見て，現在の宇宙食を想像する。

④ 国際宇宙ステーションの食事風景の動画を見て，食事の役割を話し合う。

JAXA「宇宙教育センター」
(http://edu.jaxa.jp)
では，宇宙食，宇宙船内での食事風景の動画などの教材を提供している。

4 こんなところに留意しよう

授業の導入ではまず，「朝（昼）ごはんは食べたかな？」と児童に尋ね，次に「私たちは何のためにごはんを食べるのだろう？」と発問するとよい。

第2章 実生活に役立つ！題材別・家庭科授業のアイデア50

ワークシート

どんな食べ方がいいのかな？

年　組　番（　　　　　　　）

1 「なぜ食べるのか」理由をイメージ・マップに書いてみよう。

＊最初に思いついたことは内側の◯の上に書いて⦅食べる⦆と線で結びます。そこからさらに思いついたことは，その外側の円の上に書いて線で結びます。さらに思いついたら，外側にどんどん円を書き足して書いていきましょう。

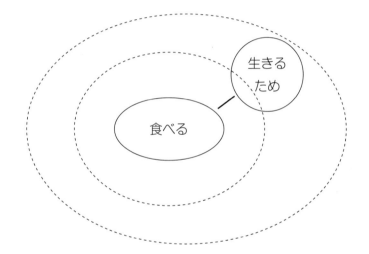

2 この授業で新しく気づいたことや思いついたことがあったら，上のイメージ・マップに赤字で書き足しましょう。

3 この授業で分かったことと思ったことを書きましょう。

> **B　日常の食事と調理の基礎**

17 実験で調べよう
食品の主な栄養素

学習指導要領B(2)ア

所要時間　90分

　食品に含まれる主な栄養素を身近な薬品を使って調べる実験を行う。体験的な活動を通すことで，食品に含まれる栄養素に対する関心を高め，実感をもって理解させることができる。

1　活動のねらい

食品に含まれる主な栄養素とその働きを知る。　　　　　　　　　　（知識・理解）

2　活動の評価

　ワークシートの記録から実験を正しく行えているか，食品の主な栄養素の特徴をつかむことができたかを見る。　　　　　　　　　　（ワークシート，観察）

3　展開例

①実験の説明を聞く。 — 5つの実験を班の1人1人が行えるように数を準備する。

②実験を行う。 — 机間巡視し，必要に応じて実験を支援する。

③分かったこと，気づいたことをワークシートに書く。 — 五感を使って観察させる。デジカメで記録させてもよい。

③本時のまとめをする。 — 実験させっぱなしにしないこと。分かったことを整理し，確認させよう。

4　こんなところに留意しよう

　実験の用意は，家庭科室の各机に1種類ずつセットする。そこに「炭水化物の実験コーナー」など，実験内容を示す表示をしておく。児童には班ごとに，各実験のコーナーをオリエンテーリングのように巡って学習させる。

86

五大栄養素を実験で調べよう

年　組　番（　　　　　　　）

◆炭水化物
①ヨウ素溶液（またはイソジン1ml を水100mlで薄めた物）をスポイトで食品に1滴たらして、色の反応を見る。

〈実験する食品例〉
・パン　・ごはん　・じゃがいも
・チーズ　・りんご

◆脂質
①食品20gに水カップ1を加え、2分くらい弱火で煮る。
②メスシリンダーに①の溶液を移す。
③浮いてきた脂質の量を計る。

〈実験する食品例〉
・ポテトチップス
・揚げせんべい
・マヨネーズ

油がうく

◆タンパク質〈牛乳〉
①牛乳100mlを約60℃に温める。
②酢を小さじ1ぱい入れてかき混ぜる。
③固まった物をさらしの布にとる。
　固まった物が、牛乳のタンパク質「カゼイン」。

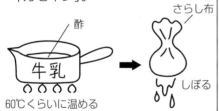

〈小麦粉〉
①小麦粉（強力粉）50gに水30mlを加えて練る。
②ぬるま湯に10分浸ける。
③塊を指先でもみほぐし、濁った水は捨てる。残ったチューインガム状のものが小麦のタンパク質「グルテン」。

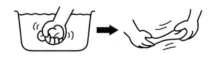

◆カロテン
①にんじん50gを細い千切りにする。
②油でいためて、白い紙の上に出す。
＊油がカロテンで赤く染まる。
＊ゆでた物と比較すると分かりやすい。

◆ビタミンC
①水100mlにイソジンを10滴入れた溶液を作る。
②食品に1滴ずつたらして、色が消えるまでの数を数える。

B　日常の食事と調理の基礎

18 実物大写真でおすすめのランチ

学習指導要領B(2)ウ

所要時間　45分

　実物大の料理写真を使って，1食分の献立を立てる。実物大調理写真は，給食で使っているランチョンマットの上に載せる。すると，まるで本物のような臨場感が！楽しく献立作成の学習ができる。

1　活動のねらい

　調和のよい1食分の献立を立てることができる。　　　　　　　　　　（技能）

2　活動の評価

　考えた1食分の献立をデジタル写真に記録し，工夫についての記述から調和を考えて献立を作成できているかを見取る。　　　　　　　　（ワークシート）

3　展開例

①1食分の献立の立て方を知る。

> 事前に給食の献立を立てる際に栄養士さんが考えていることなどを取材しておくとよい。

②実物大料理カードで1食分の献立を作る。

> 給食用のナプキンを持参し，その上にカードを並べさせる。

③工夫した点をワークシートに書く。

④作成した献立のよい点，改善点を調べて書く。

> 栄養面，いろどり，食感，調理法などの視点から自己評価や相互評価をする。

4　こんなところに留意しよう

　児童にはあらかじめ給食用のナプキンを持って来させておく。その上に実物大料理カードを並べさせ，写真は教師が撮る。撮った写真はすぐに印刷し，児童がワークシートに貼れるようにする。

第2章　実生活に役立つ！題材別・家庭科授業のアイデア50

ワークシート

おすすめの☆キラリ！ＭＹランチ

年　　組　　番（　　　　　　　）

ランチ名

◆初めに考えたものと改善したものの写真を並べてはろう

◆どんなランチになっているかな？　チェックしてみよう

　　○栄養素はバランスよく入っている？　○調理法は全部同じじゃない？

　　○食べる人のことを考えた工夫がある？　○いろどりはきれい？

◆工夫したこと

◆この学習をして分かったこと・気づいたこと

89

B　日常の食事と調理の基礎

19	**どこでもおいしい炊飯で 防災力も UP！**	学習指導要領B(3)エ
		所要時間　6時間

　ご飯をおいしく炊く秘訣は，水と火の加減。ガラス鍋で炊く時は，鍋とは違ったコツが必要です。また，ご飯を焦がすと後片付けが大変！ぜひその防止策も覚えておきましょう。炊飯は，野外でもジュースの空き缶ででもできます。鍋で炊く力を防災にも役立てましょう。

1　活動のねらい

どんな鍋でもおいしくご飯を炊くことができる。　　　　　　　　　　　　（技能）

2　活動の評価

炊いたご飯が焦がさず，芯が残っていないかを見る。　　　　　　　　　　（観察）

3　展開例

①ビーカーで炊飯。
　（班で実験）
　・350mlのビーカー
　・100mlの米

②土鍋で炊飯。
　（ペアで試しの活動）

③土鍋で炊飯。
　（ペアまたは個人での本番の活動）

〈発問例〉

米100mlなら水も100mlでいいのでは？
20ml多く必要なのはなぜ？

水はどのくらい浸みむのかな？
ビーカーの目盛りを5分ごとに記録しよう。

おやっ，全部水が浸み込まない。どうしたいい？→加熱の必要性に気づかせる。

4　こんなところに留意しよう

　ビーカーで炊飯する場合は，魚焼き用の網か，セラミック金網の上にビーカーを載せる。

　ビーカーのふたには，釜飯のふたやアルミホイルを用いるとよい。

第2章 実生活に役立つ！題材別・家庭科授業のアイデア50

炊飯実習での失敗を防ぐために，以下が炊飯学習での注意点です。

(1) **米のかさと重さを計らせましょう。**

米100mlは，重さだとほぼ80gです。

かさと重量とでは数値が異なることを，実際に計る活動を通して理解させます。

米1合＝180mlだと96gになります。

「かさ」という言葉で体積を表すのは，家庭科ならではです。

料理用カップ（200ml）　米用一合（180ml）

(2) **ビーカーは炊飯専用に使うものを用意します。**

ビーカーを使うと，吸水の変化を目盛りで読み取ることができます。また，米から飯に変化する様子がガラス鍋よりもよく観察できます。少量炊くだけなので，時間もかかりません。

ただし，炊飯した米飯が試食できるように専用のビーカーを決めて使うようにしましょう。

(3) **水の量は重量で計算させましょう。**

家庭では計量カップで水量を「かさ」で計っているかと思います。炊飯器の目盛りも同様です。

しかし，児童には「かさ」を正確に計ることが難しいのです。カップ1杯を計ったつもりが，実際には9分目くらいであったりします。実習では，重量で計らせた方が失敗しません。

(4) **(3)を洗う時は，ザルとボウルを使って。**

児童のつまずきで多いのは，米を洗う作業です。手で米が流れるのを防ぐのは，経験の少ない子どもには難しい作業です。そこで，ボウルの中にザルを入れさせ，下のボウルをはずして水を替えるようにさせましょう。どの子も米粒を流さず洗えるようになります。

(5) 炊飯実習での最大の注意点は，「蒸らし時間」。

　蒸らし時間は15分はかけましょう。蒸らし時間を使って，観察したことをワークシートにまとめさせます。

　蒸らし時間が短いと，米飯が鍋肌にこびりつき，試食できる量が減ったり，後片付けが大変になったりします。必ず15分間取りましょう。

　後片付けを楽にしたかったら，15分間の蒸らし時間は欠かせません！

コラム　炊飯実習　こんな時はどうする？

Q1　1人用の土鍋で炊かせるのはなぜですか？

　炊飯には文化鍋が最も適しています。学校にも揃えてあると思います。

　しかし，文化鍋は容量の大きい物が多く，1人1人が技能を身につけることができません。技能の習得のためには，1人1人が体験できる環境を整える必要があります。そこで1人用の小さい土鍋を用いるのです。

Q2　土鍋の扱いにはどのような注意が必要ですか？

　土鍋は，使わせる前に容量の8分目の水に小麦粉を大さじ1杯ほど入れて煮て，鍋肌にデンプンを浸透させておくと割れにくくなります。

　急激な温度変化に弱いので，空だきをしたり，急に水につけたりしないようにしましょう。鍋底の水をよく拭いてから火にかけましょう。

Q3　初めに水量を計らずに水につけてしまいました。後から水はどれだけ足せばよいですか？

　初めの米と同量の水を入れればよいです。

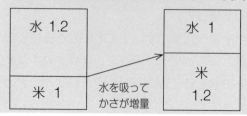

30分以上吸水させると米のかさは1.2倍になっています。後から足す水は1（初めの米の容積）でよいのです。

第2章 実生活に役立つ！題材別・家庭科授業のアイデア50

Q4 防災学習と関連づけるにはどうしたらよいでしょうか？

Q3で説明したように，米は1時間浸けておけば体積が1.2倍に増えています。そこで，下のような順で炊飯をさせましょう。容器は，飲料用の空き缶（ジュースの缶なら内側がコーティングしていない物を）でもフライパンでも何でもよいです。ただし，米は炊きあがると体積が約2〜3倍に増えるので，そのことを考えて容器を選びましょう。

①米をペットボトルに入れて，体積に印を付ける。
②米を洗い，水につける。（水の量は米の3cm上くらい。）
③なべにする容器に米と，米の同量の水をペットボトルで計って入れる（①で付けた印の所まで水を入れればよい）。
④アルミホイルでふたをし，ごくごく弱火にかける
（沸騰するまで10分間かける気持ちで）。
⑤水がひけたら火を消し，15分間蒸らす。

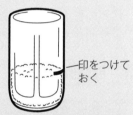

印をつけておく

ペットボトルを切った物

Q5 どこで火を止めさせたらよいでしょうか？

それこそ，子どもに探求させたい課題です。理論的には米が米飯に糊化するためには，20分間の加熱が必要なことが分かっています。また，最初に10分間かけて水を沸騰させるくらいの火加減がよいとされています。

鍋や米の分量によっては初めから弱火にするなど20分間確保できるように火加減を調節したり，蒸らし時間を長めにとるとうまくいきます。

子どもに消火のタイミングをつかませるには，鍋の「湯気」に着目させるとよいです。かまの内部の水分が蒸発してしまうと，湯気は出なくなることから，湯気がすっと消えた時が消火のタイミングです。

B 日常の食事と調理の基礎

20 英語で炊飯
How to prepare Boiled Rice

学習指導要領B(3)エ
所要時間 2時間

　和食が世界無形文化遺産に登録されました。今や米飯は，世界的に注目を集めている料理です。ここでは，炊飯に関する簡単な英語を用いた英語活動を行ってみましょう。国際理解教育の一助ともなります。

1　活動のねらい

おいしくご飯を炊くことができる。　　　　　　　　　　　　　　　　　　　（技能）
炊飯の仕方を簡単に説明することができる。　　　　　　　　　　　　　（知識・理解）

2　活動の評価

炊飯の仕方を正しく説明できたかを観察する。　　　　　　　　　　　　　　（観察）
＊説明活動の中で，炊飯に関わる簡単な英単語が使えるとさらによい。

3　展開例

①班ごとに炊飯の作業のキーワードを１つずつ英単語を加えて短冊に書く。

②班ごとに英単語を交えた説明活動の練習を行う。

③２班ずつペアになり，説明班，聞き役班を交代して説明会を行う。

4　こんなところに留意しよう

　ここでは，「We 〜」と主語を付けて表示している。また表現方法はアメリカ英語を用いた。先生が指示する時には「Let's 〜」と，表現し直す。

第2章　実生活に役立つ！題材別・家庭科授業のアイデア50

資　料

◆炊飯の英語表現例

日本語	英語
お米と水を計ります。	We measure one cup of the rice and 1.2 cup of cold water.
お米を洗います。	We wash the rice.
お米を水に30〜60分間つけておきます。	We soak the rice for 30〜60 minutes.
お鍋を中〜強火にかけます。	We place the pot over medium to high heat.
沸騰したら，火を弱めます。	When the rice comes to a Rolling boil, reduce the heat to the lowest setting.
火を止めます。	We turn off the barner.

◆調理用具の英語

・なべ（pot）
・ステンレス製のなべ（Stainless Steel Pot）
・アルミ製のなべ（Aluminum Pot）　・土鍋（Earthenware Pot）

・フライパン（Frying Pan）
・鉄製のフライパン（Steel Frying Pan）
・フッ素樹脂加工のフライパン（Non Stick Frying Pan）

・万能包丁（All Purpose Knif）　・まな板（Cooking Board）
・菜切り包丁（Vegetable Knif）　・さいばし（Cooking Chopsticks）

・フライ返し（Spatula）　　　　・計量カップ（Measuring Cup）
・玉じゃくし（Ladle）　　　　　・ざる（Draining Basket, Sieve）

95

B　日常の食事と調理の基礎

21　顆粒だしのひみつ

学習指導要領B(3)

所要時間　90分

　毎日の味噌汁作りには，顆粒だし（風味調味料）を使っている家庭の方が多いのではないでしょうか。顆粒だしをおいしく感じるのには「ひみつ」があるのです。簡単な実験を通してその「ひみつ」に迫ってみましょう。

1　活動のねらい

食品の品質表示に関心をもつ。　　　　　　　　　　　　　　　　　（関心・意欲・態度）

塩分がだしのうまみを引き出すことを知る。　　　　　　　　　　　　（知識・理解）

2　活動の評価

食品の品質表示を調べている。　　　　　　　　　　　　　　　　　　　　　（観察）

進んで味を比べ，違いをつかもうとしている。　　　　　　　　　　　　　　（観察）

3　展開例

①にぼしのだし汁と顆粒だし汁の味を比べ，感じたことを発表し合う。

> 各班に２つのだし汁の入った鍋を用意し，１人１人試飲できる量を用意する。

②にぼしのだし汁にひとつまみの塩を入れてから飲み，感想を話し合う。

> 塩は，ほんの少しだけ入れ，味の違いを感じ取らせる。

③顆粒だしの品質表示を調べ，塩分が原材料に加えられていることを確認する。

> 「顆粒だしには，塩が最初から入っていたのだろうか？」と投げかけて，児童の探究意欲を高める。

4　こんなところに留意しよう

　市販の顆粒だしのほとんどは塩分を添加しているが，全てがそうではない。自分の家で使っている顆粒だしがあれば，品質表示を調べてみるように促すとよい。

96

第2章　実生活に役立つ！題材別・家庭科授業のアイデア50

資　料

❶A社

●品　　　名
風味調味料(かつお)
●原材料名
調味料(アミノ酸等)、
食塩、砂糖類(砂糖、
乳糖)、風味原料
(かつおぶし粉末、
かつおエキス)、
酵母エキス、
小麦たん白発酵調味料
●内容量120g
●賞味期限
欄外裏面に記載
●保存方法
直射日光を避け、常温
で保存してください。
●使用方法
裏面の目安でご使用
ください。
●販　売　者

❷B社

品　名	風味調味料(かつお等)
原材料名	ぶどう糖、食塩、調味料(アミノ酸等)、風味原料(かつおぶし粉末、そうだかつおぶし粉末、乾しいたけ粉末、こんぶ粉末)、たん白加水分解物(小麦を含む)
内容量	228g(4g×57袋)
賞味期限	枠外下部に記載
保存方法	開封前は直射日光を避け、常温で保存してください。
使用方法	枠外左部に記載
製造者	

❸C社

名　称	風味調味料(かつお)
原材料名	ぶどう糖、調味料(アミノ酸等)、食塩、風味原料(かつおぶし粉末、かつおエキス)、酵母エキス
内容量	50g(5g×10袋)
賞味期限	底面に記載
保存方法	直射日光をさけ、常温で保存してください。
使用方法	本品1袋でみそ汁のだし約5杯分
製造者	

A～C社の顆粒だし（風味調味料）のいずれにも食塩が添加されている。

コラム　人はどのくらいの塩分をおいしく感じるのか？

　人類は，海から陸上に上がって生活を始めた歴史を持っています。

　実は，私たちの血液は海水と成分割合がよく似ており，塩分濃度は共に0.9%です。この0.9%の塩分濃度こそ，私たちが最もおいしく感じる塩味だと言われています。日本人の食事摂取基準（2015年版）では，一日の食塩摂取目安量が成人男性8g未満，成人女性7g未満，目標量は6g未満とされています。品質表示にある「ナトリウム」からは，食塩量が計算できます。

　　食塩相当量（g）＝ナトリウム（g）×2.54
　　　＊ナトリウムが1000mg（1g）の時，食塩は2.54gになる。

B　日常の食事と調理の基礎

22 手前味噌作り

すご〜く簡単

学習指導要領B(3)

所要時間　90分

　味噌汁は，米飯と並ぶ日本の伝統的な食事の代表です。味噌は，蒸した大豆と塩と麹というたった3つの材料からできる調味料です。作り方も決して難しくありません。児童と一緒にぜひ手前味噌作りに挑戦しましょう。

1　活動のねらい

味噌を作ることができる。　　　　　　　　　　　　　　　　　　　　　（技能）

味噌の原料と作り方とが分かる。　　　　　　　　　　　　　　　（知識・理解）

2　活動の評価

すすんで味噌作りを行っている。　　　　　　　　　　　　　　　　　（観察）

味噌の材料とその作り方とを説明することができる。　　　　　　　　（観察）

3　展開例

①各班にゆでた大豆のなべ，塩，麹を用意する。

> 大豆は前日に豆の3倍の水につけてふやかし，授業2時間前からゆでておく。

②班ごとに味噌作りを行う。

> 班ごとにバットの中に麹と塩とを配り，塩切り（混ぜる）をさせる。

③味噌作りを通して気づいたことや分かったことをワークシートにまとめる。

> 班ごとにデジカメで記録をとっておき，ワークシートに貼らせてもよい。

4　こんなところに留意しよう

　味噌作りに適した季節は，晩秋〜冬とされる。発酵させている間に，カビを生やさないようにするには，気温が低い時期の方がよいからである。それでも用心のために，味噌の表面にはしっかり塩をふり，空気に触れないようにピッチリとラップをかけておくこと。

98

第2章　実生活に役立つ！題材別・家庭科授業のアイデア50

資　料

みそを作ろう！

〈材料　6人分〉
・大豆……165 g　　・米こうじ……165 g　　・塩……83 g

〈作り方〉

①大豆は，洗い，ふやけて豆が水の上に顔を出さぬように豆の2倍以上の水で一晩ふやかす。

②ふやかした豆をよごさないように，また，ふきこぼさないように時間をかけて煮る。大豆が親指と小指で楽につぶれるようになったら OK。

③煮上がった大豆は，ざるに揚げて，煮汁（種水）を取る。種水は，後で使用するので捨てない。

④その間に塩とよくほぐした麹を混ぜ合わせておく。（塩切り麹）

⑤煮豆は，熱いうちにすりこぎなどで押しつぶす。

⑥つぶした豆が人肌くらいに冷めたら，塩切り麹を加え，十分に混ぜる。種水（人肌くらいの温度）を加えながら，粘土くらいの固さに調節する。

⑦できた材料の空気をぬくために団子状にまるめ，容器の底の方からきっちり詰め込む。表面を平らにして，手塩をふり，ラップを貼り付けておく。

⑧涼しい所に保管。仕込み後，半年から1年くらいがほど良い賞味期間。

99

B　日常の食事と調理の基礎

23 健康な食生活のために
どっちが減塩？味噌汁味くらべ

学習指導要領B(3)エ

所要時間　2時間

健康な食生活をおくるためには，減塩の習慣をもつことが大切さだと言われます。現在1日の推奨塩分量は6gです。そこで味噌汁の調理では，塩分計を用いて自分の好みの塩分濃度を計ったり，減塩味噌汁を味わってみたりして塩分への関心も高めましょう。

1　活動のねらい

　自分が好む塩分の濃度を測ったり，減塩と通常の味噌とを飲み比べたりすることを通して食生活での塩分摂取への関心を高める。　　（関心・意欲・態度）

2　活動の評価

　塩分計を用いて自分の好みの塩分の濃度を測ったり，減塩味噌汁と通常のものとの味の違いを意欲的に調べているか。　　（観察，ワークシート）

3　展開例

①だしと実の入った椀を各自2つずつ用意する。

> 味噌汁の実は同じ物にする。ペアで活動する。

②片方の椀に通常の，もう片方に減塩味噌を入れる。

> どちらも教科書どおりの1人分の味噌の量を入れ，どちらが減塩味噌汁かクイズにする。

③塩分計で自分の好みの塩分の濃度を計る。

> さらに個々に味噌の量を増やしたりだし汁で割ったりして塩分の濃さを調節し，好みの濃さにする。減塩味噌もそれと同じ分量の味噌量にし，塩分計で濃度を計る。

4　こんなところに留意しよう

　塩分の好みは家庭によって違うので，減塩を一方的に勧めることは避ける。クイズ形式にし，減塩味噌汁の味を楽しみながら，塩分摂取への関心を高められればよい。

第2章　実生活に役立つ！題材別・家庭科授業のアイデア50

ワークシート

どっちが「減塩味噌汁」かな？
─自分の好きな塩分のこさを調べてみよう─

年　　組　　番（　　　　　　　　　　）

＊4人班の中で2つのペアに分かれて活動します。		
〈クイズ1〉 片方のペアに通常と減塩の2つの味噌汁を作ってもらいます。 減塩味噌汁はどちらかな？〇をつけてみよう。	A	B
〈試しの活動1〉 クイズ1で使った味噌汁を好みの味に変えてみよう。 ・濃くしたい→味噌を計って加える。 ・薄くしたい→だし汁を計って加える。 それぞれの塩分濃度を塩分計で計ってみよう。	A ％	B ％
〈試しの活動2〉 友達の味噌汁の試飲させてもらい，味を言葉で書こう。		
〈味わった感じ〉	だれの味噌汁？	
〈気づいたこと・思ったこと〉		

＊味噌は大さじ1杯18ｇ，小さじ1杯6ｇ。塩分量は，信州味噌大さじ1で2.4ｇ，赤味噌2.3ｇ，白味噌1.5ｇ，減塩味噌1.0ｇ（商品によって差があります）。

101

B　日常の食事と調理の基礎

24 3種類で作る野菜炒め

日常生活に活用する力を培う

学習指導要領B(3)**ア・イ・ウ・オ**

所要時間　2時間

　いため調理では「中まで火を通す」ことが肝心です。火の通りにくい物は切り方や加熱の順を考えて，調理します。こうした技能をどんな野菜にも活用できるように，1回に採りたい野菜のおよその量を手秤で実感させながら，自慢の野菜炒めに取り組ませましょう。

1　活動のねらい

　3種類の野菜を用いた野菜炒めの調理し実践することができる。　　（技能）

　自分なりに工夫して3種類の野菜を用いた野菜炒めを作ろうとする。

（創意工夫）

2　活動の評価

　自分なりに工夫して均一に火の通った野菜炒めが作れたか。

（観察，ワークシート）

3　展開例

①3種類の野菜を使った野菜炒めの計画を立てる。

> 3種類のうちの1種類は，緑黄色野菜にする。ペアを組むが，調理は1人ずつ行う。

②3種類の野菜を使った野菜炒めを調理する。

> 「中まで火を通す」には，どのように切り，いためればよいかを考えさせる。

③調理を振り返り，環境の配慮した後片付けを行う。

> 互いに試食し，中まで火が通っているか，焦げすぎていないかなどを相互評価する。
> 教師は個々の料理を，調理した児童と共に写真に記録しておくとよい。

4　こんなところに留意しよう

　塩分量は，0.8〜1％にするようにするとよい。

　環境に配慮した調理，後片付けも併せて行わせるとよい。

第2章　実生活に役立つ！題材別・家庭科授業のアイデア50

ワークシート

じまんの（　　　　　　　　　　　）調理計画

年　　組　　番（　　　　　　　）

こんな料理にしたい！		＊後で写真をはる
わたしが選んだ３種類の野菜	淡色野菜	
	緑黄色野菜	
その他の材料		
用具		
どうなったら成功？（できたら☆に色をぬろう）	☆	☆　☆　☆
	☆	☆　☆　☆
	☆	☆　☆　☆
	☆	☆　☆　☆
調理の手順		
調理の振り返り		

103

> **B　日常の食事と調理の基礎**

25 日常生活に活用する力を培う
調理の評価をどうする？

学習指導要領B(3)ア・イ・ウ・オ

所要時間　2時間

評価は，調理した結果だけでなく学びの過程も見取るものにしたいものです。そのためには，①評価基準を明確に示す，②学習の過程を記録する，③試しと本番の2回，調理を行う，③知識や技能を活用した実技テストを行う4つの方法を行うと効果的です。

1　活動のねらい

調理の観点に添った評価基準を児童と話し合い，決めておく。

家庭実践も含め，題材全体を通した調理の記録をつけさせる。

学んだ知識・技能を活用した実技テストを行う。

2　活動の評価

題材全体を通して，調理の技能や自信度を見取る。　　　　　　　　　（観察）

知識や技能を活用したパフォーマンステストを行う。（パフォーマンス評価）

3　展開例

①どうなったら成功か評価基準を決めておく。

> 「中まで火を通す」は必ず。後は，「焦げていない」「おいしい」など子どもの意見も採り入れて評価基準を決める。

②題材を通して，技能と自信度の自己評価表を記録させる。

> 技能と自信について自己評価させ，評価した理由から各自の学びの姿を読み取る。

③試しと本番の2回，活用型の調理実習の場を設ける。

> 試し調理で何を学習課題とし，それを本番の調理でどのように問題解決したのかを読み取るパフォーマンス評価とする。

4　こんなところに留意しよう

「満足度」や「腕前度」は折れ線グラフで表し，変化を見取れるようにする。

第2章　実生活に役立つ！題材別・家庭科授業のアイデア50

ワークシート

健康家族の夏野菜のおかず

自分の [　　　　　　　　　] 作りをふり返ってみよう

年　組　番（　　　　　　）

◆学校や家で行った調理をふり返って折れ線グラフにしてみましょう。

作った日	1回目／	2回目／	3回目／	4回目／	5回目／
作った 場所に〇	家 学校	家 学校	家 学校	家 学校	家 学校
【満足度】 結構満足 やや満足 やや不満 不満					
【理　由】 〜ので 〜したら 〜だった					
【腕前度】 まかせて まあまあ 今一歩 やっとこ					

◆今日の授業で分かったこと・思ったこと

◆これからしたいこと

105

B 日常の食事と調理の基礎

26 調理実習に ICT を使おう！

児童にとっても教師にとってもよい振り返りを促す

学習指導要領 B (3)

所要時間 2 時間

どんな料理でも食後は跡形もありません。そこで記録が重要になってきます。調理中，児童の安全に気を配りながら写真を撮るのには，デジカメやビデオが便利です。調理後，プロジェクターに写しながら話し合うとたくさんの気づきが生まれます。

1 活動のねらい

調理前の記録(写真)→準備した用具，材料，各班への配布物と配置，教卓の準備。

調理中の記録(動画)→各自の調理の様子，(写真)→班での活動の様子。

調理後の記録(写真)→調理した児童と料理とを撮影。班活動の様子の撮影。

2 活動の評価

班と個人の活動の記録がまんべんなく撮れ，学習の振り返りに活用できるか。

3 展開例

①準備した用具，材料などの写真を撮っておく。
→ 最初にその日の日付，題材名，めあてなどを板書し，その写真を撮っておく。

②ビデオで1人1人の調理の様子を記録する。
→ 班全体の様子や関わりなど記録しておきたい場面は，「静止画」でも撮っておく。

③調理した児童と料理，試食の様子などの写真を撮る。
→ 1人調理をした場合は，児童と調理した料理の順で撮影し，後で1枚の写真に納められるようにする。

4 こんなところに留意しよう

1人1人の活動中の写真を多く撮っておき，全員撮影できているようにする。

撮影したビデオや写真の管理を厳重に行う。保護者の許可無く公開しない。

第2章　実生活に役立つ！題材別・家庭科授業のアイデア50

おすすめアイデア

次のようにICTの活用しよう。

(1) **授業の記録の資料として**
- 準備したものの写真などは，次回の準備の際に役立つ。
- 児童の活動の様子はビデオで撮っておき，保護者会などで紹介すると喜ばれる。

(2) **評価のための資料として**
- 1人1人の作業の様子を音声と一緒に撮っておくと，評価資料として使える。

> かつたさんは，洗い物を進んでやっています。よく気がついてすばらしいですね。

(3) **活動を振り返るための資料として**
- 画像をプロジェクターに映し出しながら振り返りを行わせると，たくさんの気づきが児童から引き出せる。児童相互の意見交換も生まれ，ICTの本来のよさが生かせる。

> にんじんは，もう少し薄く切った方がよかったな。

> ほうれん草は，最後に入れていためないと，くたくたになっちゃうよね。

> 野菜の切り方やいためる順番はどうでしたか？

(4) **インターネットの画像を教材として利用**
- 「米飯と味噌汁」の題材での稲作農家の生産や品質管理の様子などをインターネットで公開している画像で見せると，現実とのつながりができ学習に深まりが出る。
- 「食事の役割」の学習の場面に，JAXAが提供している「若田宇宙飛士による国際宇宙ステーションでの日本食や食事場面の紹介」のインターネット配信動画を使うと，食事を楽しく食べることの大切さやよさが児童によく伝えられる。
- タブレットPCで，簡単な栄養計算ソフトを無料公開しているHPを利用すると，1人1人の食事の栄養バランスをつかむことができる。

> **B　日常の食事と調理の基礎**

27 調理実習で「考える力」を育てる

> 学習指導要領B(3)ア〜オ
>
> 所要時間　1時間

　小学校の調理学習の核心は，「中まで火を通す」ということです。それぞれの材料をどう切り，どんな順番で加熱するのかは，その目的に向かって児童に「考えさせる」内容となります。

1　活動のねらい

　中まで火を通すためにはどう切り，加熱するかを自分なりに考えて行うことができる。

(創意工夫)

2　活動の評価

　中まで火を通す方法を自分なりに考えて調理できているか。

(調理実習記録表，観察)

3　展開例

①調理では「中まで火を通すこと」が大切なことを話す。	加熱不足による食中毒などの事例を話す。
②どう切り，加熱するかを考える。	根菜のような堅いものは火が通りにくいことを実験で確かめる。
③考えた方法を振り返り評価する。	考えた方法でできたかどうか振り返る。

4　こんなところに留意しよう

　2年間の調理学習の全題材で，いつも考えさせるようにする。

　中まで火が通ったかどうかは，はしで食材を刺して調べることを指導しておく。次頁のワークシートに示した実験のように同じ食材でも大きさや厚さによって，中まで火が通る時間が異なることを確かめさせる。

108

第2章 実生活に役立つ！題材別・家庭科授業のアイデア50

ワークシート

〈試してみよう〉
中まで火を通すには どうしたらいいだろう？

年　　組　　番（　　　　　　　）

〈活動1〉
にんじんの切り方を代えて，中まで火が通る時間を計ってみよう

A　薄い厚さのたんざく切り 　　（幅は1.5cmくらい）	B　厚さ5mmのたんざく切り 　　（幅は1.5cmくらい）
◆中まで火を通すのにかかった時間 ＊はしをさして調べる 　　　　　（　　　　）分	◆中まで火を通すのにかかった時間 ＊はしをさして調べる 　　　　　（　　　　）分

◆分かったこと・思ったこと

〈活動2〉
お湯と水とでは，どちらの方が早く中まで火が通るのだろう？

A　なべに水を入れてゆでる ＊どちらも同じ厚さのたんざく切り 　のにんじんを入れる	B　なべにお湯に入れてゆでる ＊どちらも同じ厚さのたんざく切り 　のにんじんを入れる
◆中まで火を通すのにかかった時間 ＊はしをさして調べる （　　　　）分	◆中まで火を通すのにかかった時間 ＊はしをさして調べる （　　　　）分

◆分かったこと・思ったこと

109

B　日常の食事と調理の基礎

28 あったか野菜スープを作ろう

学習指導要領B(1)イ・ウ

所要時間　1時間

　野菜を切ってゆでる調理として，切って煮込むだけのラタトゥイユや，スープ，なべ料理を取り入れてみよう。家庭でもさまざまな活用ができ，野菜嫌いの子どもも喜んで食べるようになる。

1　活動のねらい

　野菜の切り方，加熱する順番や加熱の仕方について考え，調理をすることができる。
(知識・理解)(技能)(創意工夫)

2　活動の評価

　「中まで火を通すこと」を考えて野菜を切り，加熱の順番を計画して調理することができたか。
(観察，ワークシート)

3　展開例

①調理実習の目標を立てる。
　調理計画を立てる。

どうなったら成功だと言えるかを具体的に考える。

②野菜を切る。

ラタトゥイユなら一口大に，スープなら細かく切る。

③ゆでる→調味する。

スープの場合は，ゆでた後，冷ましてミキサーにかける。

4　こんなところに注意しよう

　ゆでる調理では，なべの突沸を防ぐ必要がある。できれば，突沸防止用の調理器具（100円ショップで売っている）を入れて加熱させるとよい。また，ゆでた野菜をミキサーにかける時は，水にさらすなどして必ず冷ましてから行わせる。ミキサーは教卓に2台用意し，教師の管理の下，順番に使わせるようにする。

110

第2章　実生活に役立つ！題材別・家庭科授業のアイデア50

資　料

レシピ例

◆かぼちゃのスープ（4人分）

〈材料〉

・カボチャ…300g　・玉ねぎ…1こ　・牛乳…600ml

・バター…30g　・コンソメスープの素…1こ　・塩こしょう…少々

〈作り方〉

①カボチャは電子レンジで1分加熱してから，5mm厚さに，玉ねぎは2mm厚さの薄切りにする。

②鍋にバターとカボチャ，玉ねぎを入れ，中火でいためる。

③玉ねぎが透き通ってきたら，ごく弱火にして10分間いためる。

④鍋に牛乳を加え，煮立ってきたらコンソメの素を入れて混ぜ，ふたをしてごく弱火で5分間煮る。

⑤④を水のはったボウルに入れて人肌に冷ます。

⑥ミキサーに1分ほどかけて鍋に戻して温め，塩こしょうで味を調える。

　＊かぼちゃの代わりにんじん（中3本），カリフラワー（1/2こ）もよい。

◆オニオングラタンスープ（4人分）

〈材料〉

・玉ねぎ…2こ　・バター…30g　・ピザ用チーズ…100g　・水…1L

・コンソメスープの素…1こ　・塩こしょう…少々

・フランスパン（1cmの輪切り）4枚

〈作り方〉

①玉ねぎは，半分に切ってから2mm厚さの薄切りにする。

②玉ねぎとバターを耐熱容器に入れてふんわりラップし，電子レンジ（500w）で6分加熱して混ぜる。

③②を鍋で強火でいため，飴色になったら水1Lを加え，沸騰したら，コンソメスープの素を入れて，塩こしょうで味を整える。

④耐熱容器にバターをぬり，チーズをのせたパンを③に浮かべチーズが溶けるまでトースターで加熱する。

111

B　日常の食事と調理の基礎

29 一挙三得のジャーマンポテト

ゆでる・いためる・蒸らす

学習指導要領B(1)イ・ウ

所要時間　90分

小学校での調理は，洗う，切る，ゆでる，いためる，蒸らすの5つ。この全てを活用した野菜料理を作ろう。これまでの学習が活用できているか総復習を行うことができる。また，簡単でおいしく作れるので，子どもが喜んで家庭で実践してくれる。

1　活動のねらい

野菜を洗い，切り，ゆでていため，蒸らす調理ができる。

（知識・理解）（技能）（創意工夫）

2　活動の評価

これまでの学習を生かして野菜を洗い，切り，ゆでる，いためる，蒸らす調理をすることができたか。　　　　　　　　　　　　　（観察，ワークシート）

3　展開例

①調理実習の目標を立てる。
　調理計画を立てる。

> これまでの学習を活用した調理であることを伝える。

②野菜を洗って，切る。

> 後でいためるので，ゆでるのは野菜が透き通ればOK。

③ゆでる→いためる→蒸らす→調味する。

> 蒸らす時は，フライパン用のふたを使う。

4　こんなところに注意しよう

調理では，ゆでたジャガイモの水気でフライパンの油が飛ぶことのないよう，ザルで十分に水気を切ってから，少しずつ丁寧にフライパンに入れることを徹底させること。

112

第2章　実生活に役立つ！題材別・家庭科授業のアイデア50

ワークシート

ジャーマンポテトのチーズ焼きを作ろう（4人分）

年　　組　　班（　　　　　　　　）

実施日：　　月　　日（　　）	
〈材料〉	〈用具〉

〈材料〉
・じゃがいも……2こ
・玉ねぎ……1こ
・ベーコン……4枚
・油……大さじ1ぱい
・塩・こしょう・パセリ……少々

〈用具〉
・ボウル　　　・フライ返し
・ざる　　　　・包丁
・フライパン　・まな板
・なべ（中）　・フォーク
・さいばし　　・皿

〈作り方〉
　①玉ねぎは半分に切ってから2㎜の薄切りにする。
　　　じゃがいもは3㎜のいちょう切りにし，水につけておく。
　③ベーコンは，1㎝はばの短冊切りにする。
　④じゃがいもを鍋に入れ，ひたひたの水ではしが通るくらいゆでたら，
　　　ざるで水をきっておく。
　⑤フライパンでベーコンをいため，続けて玉ねぎをいためる。
　⑥⑤にゆでたじゃがいもを加えてさらにいためる。
　⑦塩・こしょうで味を調え，チーズをまんべんなく散らす。
　⑧フライパンにふたをして火を消し，チーズがとけるまで蒸らす。
　⑨皿に盛りつけ，全体にパセリを散らす。

◆振り返ってみよう（ばっちりできた◎　まあまあ○　もう少し△）

・忘れ物なし／身支度よし	◎　○　△	ふり返り
・材料をレシピ通りに切れた		
・材料は中まで火が通せた		
・じゃがいもを切って水につけた		
・ふたをしてチーズを余熱でとかした		
・おいしく味付けができた		
・安全に調理ができた		
・友達と協力して作業できた		

B　日常の食事と調理の基礎

30

買い物から調理・後片付けまで

エコ・サンドイッチでおもてなし

学習指導要領B(3)，D(2)

所要時間　4時間

　調理実習では，D消費・環境と関連付けて学習することができます。サンドイッチは，調理自体は簡単です，しかし，子どもが最も作り方を誤解している料理でもあります。その点をふまえてゴミを出さない調理を買い物の時点から工夫させましょう。

1　活動のねらい

　ゴミを出さない調理を買い物から後片付けまで工夫して行うことができる。

（技能，創意工夫）

2　活動の評価

　ゴミを出さない工夫を買い物から後片付けまで自分なりに考えて実践することができたか。

（観察，ワークシート）

3　展開例

①ゴミを出さない工夫を考え調理計画を立てる。

ゴミを出さない工夫について買い物・調理・後片付けの場面を班内で分担する（ジグソー学習）。

②計画に沿って調理実習を行う。

出したゴミを調理後に計量することを話しておく。

③各班のゴミを計量する工夫とその結果とを発表し合う。

工夫したことは小さなことでも評価しよう。

4　こんなところに注意しよう

　環境への配慮を考えるあまり，泥付きのまま野菜の皮をむくなど衛生面での配慮を省くことはしないように初めに話しておこう。

　導入で市販品の原材料を調べさせると手作りのよさが伝わる。

114

第2章　実生活に役立つ！題材別・家庭科授業のアイデア50

ワークシート

エコ・サンドイッチを作ろう

年　　組　　班（　　　　　　　　）

◆市販のサンドイッチを食べた感想

◆こんなサンドイッチが作りたいな

◆ゴミを出さない工夫　（　）が担当者　＊担当者会議に出ます

買　い　物 （　　　　）	
調　　　理 （　　　　）	
後 片 付 け （　　　　）	

◆買い物計画

品物	分量	買う人	品物	分量	買う人

◆作り方

◆ごみの記録

燃やすゴミ	g	燃やさないゴミ	g	生ゴミ	g

◆ふり返り

115

C　快適な衣服と住まい

31 ボタンのひ・み・つ
衣服への関心を高める

学習指導要領C(1)イ

所要時間　2時間

　Ｙシャツの一番上のボタン穴は縦穴ですか？横穴ですか？予想させてから，実物で調べ
させてみると，おもわぬ発見をさせられます。その後，家庭で身近な衣服のボタンの付き
方を調べさせましょう。ボタンを通して衣服に対する関心がぐんと高まります。

1　活動のねらい

　ボタンやボタン穴の付き方を調べ，身近な衣服に関心をもつ。

（関心・意欲・態度）

2　活動の評価

　意欲的に調べ活動を行っているか。　　　　　　　（観察，ワークシート）

3　展開例

①Ｙシャツの第1ボタンの穴の付き方を
調べる。

予想してから実物を使って調べる。

②ビデオで1人1人の調理の様子を記録す
る。

法則性があるのかなどを考えるとお
もしろい。ここでボタンには表裏が
あること，昔は貝をくりぬいて作っ
たことなどを話す。

③ボタンの付け方を練習する。

フエルトを3センチ幅に切ったもの
にボタンをたくさん縫い付けてアー
ムバンドを作ると楽しい。ボタン穴
の開け方も子どもに考えさせよう。

4　こんなところに留意しよう

　ボタンには裏表があることを必ず押さえ，縫い付ける前に確認させる。

　ボタン穴調べで気づいたことをどんどん発表させ，生活を見直す楽しさを
味わわせる。

116

第2章　実生活に役立つ！題材別・家庭科授業のアイデア50

ワークシート

調べてみよう！ボタンのひ・み・つ

年　　組　　番（　　　　　　　　　）

調べた衣服	発見したこと

調べた衣服	発見したこと

調べた衣服	発見したこと

◆気づいたこと・思ったこと

117

> C　快適な衣服と住まい

32　手洗いＶＳ洗濯機比べて考えよう

生活を多角的な視点から考える

学習指導要領Ｃ(1)イ

所要時間　2時間

手洗いと洗濯機にはそれぞれの利点があります。靴下を片方ずつ手洗いと洗濯機洗いとで行い比較してみると，それぞれの特徴がよくつかめます。どちらをどのように生活に活用するとよいか，多角的な視点から考える学習が展開できます。

1　活動のねらい

靴下の手洗いができる。　　　　　　　　　　　　　　　　　　　　　　（技能）

洗濯機と手洗いの特徴が分かる。　　　　　　　　　　　　　　　　（知識・理解）

2　活動の評価

意欲的に手洗いや調べ活動を行っているか。　　　　　　　（観察，ワークシート）

3　展開例

①靴下を片方ずつ手洗いと洗濯機で洗う。 → 洗う前に汚れの特徴や靴下の重さを記録しておく。

②手洗いと洗濯機洗いとを比較する。 → 洗濯時間，使う水や洗剤の量，労力，汚れの落ち方を比較する。

③各々の特徴を整理し，家庭での活用を調べる。 → 分かったことを発表し合い，整理する。家庭ではどのように手洗いと洗濯機洗いを行っているかを調べさせる。

4　こんなところに留意しよう

活動を行う前の週に履き替え用の靴下を持ってくるように伝えておく。

靴下の底に名前や印を付けさせておき，時間短縮を図るためにクラス分は全部一緒に洗濯機洗いする。

118

第2章　実生活に役立つ！題材別・家庭科授業のアイデア50

ワークシート

手洗いＶＳ洗濯機—どんな違いがあるのだろう？

年　　組　　番（　　　　　　　　）

◆洗たく前の様子を記録しよう	
くつ下の重さ	よごれの様子（イラストでかこう）
g	

◆洗たく後の様子を記録しよう

	手洗い	洗濯機洗い
使った水の量	ml	ml
使った洗剤量	g	g
かかった時間	分	分
よごれの様子		

◆気づいたこと・思ったこと

119

C　快適な衣服と住まい

33 生活を多角的な視点から考える
洗濯は進化している—昔の頭で教えてはだめ—

学習指導要領C(1)イ

所要時間　2時間

　最近はその日に着たものは，汚れを問わずすぐに洗うようになったので，使われる洗剤の性質も昔のものとは違っています。また，取り扱い絵表示は，これまでの国内用の絵表示から国際規格に切り変わります。洗濯の進化を意識して指導しましょう。

1　活動のねらい

取り扱い絵表示を調べ，正しく読み取ることができるようにする。

（知識・理解）

2　活動の評価

取り扱い絵表示の読み取り方を理解しているか。　　（観察，ワークシート）

3　展開例

①家庭で洗濯に使っているものを調べる。

洗剤については中学校で学習するので，ここでは昔はアルカリ性のものを使っていたが，最近中性の洗剤に変わってきたことだけを説明する。

②ビデオで1人1人の調理の様子を記録する。

「取り扱い絵表示」と「ISO表示」の資料を配り，読み取り方を調べる。

③気をつけて読み取りたいマークを確認する。

読み取りにくい表示をカードにし，班の中でクイズ形式で読み取り方を学び合う。

4　こんなところに留意しよう

　ISO（国際標準化機構）表示は，子どもになじみが薄いが，最近の衣類にはこの表示をつけたものが増えてきているので，必ず扱いたい。

　しばらくは両方の表示が併存し，徐々に切り替わる予定になっている。

第2章　実生活に役立つ！題材別・家庭科授業のアイデア50

ワークシート

自分の衣服の取り扱い絵表示を調べてみよう

年　　組　　番（　　　　　　　　　　）

調べた衣服	付いていた絵表示	絵表示の意味
	付いていた絵表示	絵表示の意味
	付いていた絵表示	絵表示の意味
	付いていた絵表示	絵表示の意味

◆気づいたこと・思ったこと

121

C 快適な衣服と住まい

34 実験で調べよう！ 洗濯のひみつ

学習指導要領C(1)イ

所要時間　45分間

洗濯をすると，なぜ汚れが落ちるのでしょうか？　ここでは洗濯のしくみのうち，洗剤の３つの作用と汚れは放置すると落としにくくなることについて実験します。汚れが布からはがれていく様子は，見ていてとても楽しいものです。児童が喜ぶ実験です。

1　活動のねらい

洗濯で汚れが落ちるしくみが分かる。　　　　　　　　　　　　　　　　（知識・理解）

2　活動の評価

実験や観察を通して分かったことが，自分の言葉でまとめられているか。

（ワークシート）

3　展開例

①児童を教卓のまわりに集めて座らせ，フエルトを水に浮かべるとどうなるかを予想させる。

> まず，「この布（ガーゼ）を水に浮かべたらどなるかな？」と発問し，水が布に浸みこむところを観察させてから，フエルトの実験に移る。

②班ごとにワークシートに沿って実験をする。

> 実験をする前に児童に「どうなるか予想を立ててからからやりましょう」と話す。

③気づいたこと，分かったことをまとめる。

> 気づいたこと分かったことは，図を使って自分の言葉で説明できるようにまとめさせる。

〈用意する物〉

❶実験１：浸水性……ビーカー（500ml）２個（＊ペットボトルでもよい），フエルト（４cm角）２枚，固形石けん

❷実験２：汚れの浸透性：さらし布（４cm角）３枚，スポイト１つ，醤油

❸実験３：洗剤の働き１：試験管１本，油（40ml）水（40ml），洗剤（５ml）

❹実験４：洗剤の働き２：さらし布（４cm角），ごま油（５ml），洗剤（５ml），ビーカー（500ml）２個（＊ペットボトルでもよい），スポイト

第2章　実生活に役立つ！題材別・家庭科授業のアイデア50

ワークシート

探検！洗たくのひみつ

年　　組　　番（　　　　　　　　　）

実験1：布は　水の中でどうなるのかな？

試した布	ガーゼ	フエルト
予　想		
結果		
分かったこと		

実験2：シミが残ってしまうのは何分後？
シミ×　ややシミ△　きれい○

放っておいた時間	0分	15分	30分
予　想			
結　果			
分かったこと			

実験3：水と油を入れた試験管に洗剤を入れたらどうなるだろう？

予　想	
結果	
分かったこと	

実験4：ラー油のシミを付けた布を水の入ったビーカーに沈めて，シミに向かって洗剤をたらしてシミの様子を観察し，図に表そう。

予　想	
結　果	
分かったこと	

〈実験の進め方〉
① ガーゼ布を水にうかべたらどうなるか予想させる。
② 水にうかべる（☆布はしずむ）。
③ フエルトを水にうかべたらどうなるか予想させる。
④ 水にうかべる（☆布はうく）。
⑤ 水にしずませるにはどうしたらよいか考えさせる。
⑥ 別のフエルトに石けんをぬる。
⑦ ④を水にうかべる（フエルトは水に沈む）
⑧ 洗剤には，布を水に浸透させる働きがあることを説明する。

比べてみよう！　手洗いＶＳ洗濯機

年　　組　　番（　　　　　　　　　）

	手洗い		洗濯機洗い	
準備	水		水	
	洗剤		洗剤	
	洗う前の重さ（　）g		洗う前の重さ（　）g	
洗う				
すすぐ				
ほす	乾いた時の重さ（　）g			
水量	洗う	すすぐ	合計	洗う	すすぐ	合計
〈気づいたこと〉				

●一度に使う水量や1枚あたりの使用水量で比べると，また違った見方ができる。
●洗濯機を利用するようになって洗たく回数が増え，ライフスタイルが清潔第一に変わったことにも気づかせたい。

C 快適な衣服と住まい

35 どの子もできるようになる
手縫い指導のコツ

学習指導要領C(3)イ・ウ
所要時間 45分間

家庭科が苦手だという児童のほとんどが、裁縫を理由に挙げています。このような児童には、使わせる布、縫う作業、布の持ち方、支え方などに対する支援とステップを踏んだ指導とが必要です。児童同士の学び合いも加え、裁縫を楽しめる工夫を重ねましょう。

1 活動のねらい

用具を安全に使って、楽しく手縫い（なみ縫い、かがり縫い、返し縫い）を行うことができる。　　　　　　　　　　　　　　　　　　　　　　（技能）

2 活動の評価

手縫いの仕方が分かり、安全に楽しく作業を進めているか。　（観察、作品）

3 展開例

①針に糸を通す練習をする。（毎時間）
- 糸通しが苦手な子どもには、刺繍針を。
- 糸の先が、何回針の穴を通ったか数えてみよう。1分間がんばろうね！

②自分が使いやすい布を選ぶ。
- 布は、一針ずつ刺し縫いしている段階では、フエルト、ドレバリー（ソファーなどに使われている布）、デニムなどが扱いやすい。

③練習をしながら作品を作る。
- 短時間にできる作品を。簡単→できる→楽しい→もっとやってみようの循環を作る。

4 こんなところに留意しよう

縫って、作って、楽しいという気持ちをはぐくむようにする。
糸通しが、はじめの関門なので、毎回、楽しく練習させる。
練習が、そのまま作品になるようにする。
2本縫えば作品になるような簡単な物を扱う。

第2章　実生活に役立つ！題材別・家庭科授業のアイデア50

資　料

◆**糸を針に通せない**

| 原因 | ・針を持った手と糸を持った手が両方同時に動いてしまう。
・糸の先がバラバラにほどけている。
・針穴がよく見えない
・糸先を長く出している |

➡ 針を針刺しに刺し，針刺しを握った手を机に固定させる。
＊机の上に黄色の紙を敷く。

黄色い紙
針さし

◆**玉結びができない**

| 原因 | ・糸を指でよることができない。
・中指で糸が抑えられない。
・しごいた糸がほどけてしまう。 |

➡ ・親指と人差し指をこする練習をする。
・太い糸やひもを使って練習する。

◆**玉どめがうまくできない**

・針が布から浮いてしまう。
・糸を持つ手が遠い。
・巻いた糸をまとまりにしていない。

❶布をひと針すくい，針を布に固定する。
❷糸を短く持って，のの字に糸を3回巻く。
❸糸を針の根元に下ろし，針の上で爪を立てる。
❹きき手で針を押し引きして針を抜く。
＊爪は針の上で立てたまま糸を押さえる。

資料

◆ボタンがうまく付けられない

|原因|・初めに裏から針を出す場所が分からない。
・ボタンと布との距離がつかめない。
・糸足に糸がうまく巻けない。
・糸足が広がる。|

・初めにボタンを付ける場所をひと針すくって目印にする。
・楊枝を布とボタンの下に差し込む。
・糸は短く持って巻く。
・初めに付けた目印に向かって針を刺す。

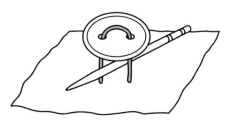

ボタンの下に楊枝を通す

◆指ぬきの使い方が分からない

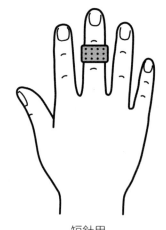

短針用
中指の第1関節と第2関節の間にボツボツを外向きにしてはめる。

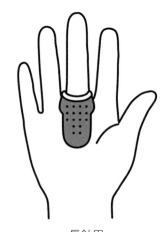

長針用
中指の付け根にはめる。
ボツボツを手のひら側にしてはめる。

第2章　実生活に役立つ！題材別・家庭科授業のアイデア50

資　料

◆指ぬきを使って，連続してなみ縫いをすることができない

| 原因 | ・針が指ぬきからはずれてしまう。
・きき手の動かし方が分からない。
・布の持ち手の動かし方が分からない。 | | ①初めは補助具（手作り）を付ける。
②針先を4mm出し，親指を当てる。
③布をピンと張ったまま上下に動かす。 |

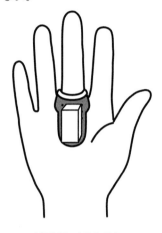

補助具（手作り）

・消しゴムを2cmくらいの厚みに切って，指ぬきにボンドで貼り付ける。
・針の頭を消しゴムに刺して固定させて，縫う。

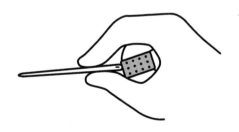

なみ縫いは，連続して2～3針縫えればよいので，児童に無理をさせないこと。
指ぬきを使って縫う方法が，つかめればよい。

127

C　快適な衣服と住まい

36

おそろいをプレゼント
手縫いってあったかいな

学習指導要領C(3)**イ・ウ**

所要時間　**2〜3時間**

手縫いの練習をしながら，作品を作ってしまいましょう。玉どめと名前の縫い取りだけでも名札などの作品が作れます。ここでは，玉どめ，玉結び，なみ縫い，返し縫いを用いてポケットティッシュ入れを作ります。1つ作ったら，プレゼント用にもう1つ作ります。

1　活動のねらい

用具を安全に使い，手縫い（なみ縫い，かがり縫い，返し縫い）で作品を作ることができる。　　　　　　　　　　　　　　　　　　　　　　（技能）

2　活動の評価

手縫いの仕方が分かり，安全に楽しく作業を進めているか。　（観察，作品）

3　展開例

①型紙を使って，布を折り，印を付ける。

中心の2枚の布の折り目は，ティッシュの出し入れ口なので，折り目同士をすき間なくぴったりと合わせる。

②片側を半返し縫い，もう片側を本返し縫いで縫う。

練習布や画用紙（厚紙）で半返し縫い，本返し縫いの練習をし，針の動かし方をつかむ。

③2つ目は，カードを付けて，プレゼントにする。

・初めに自分用，次にプレゼント用を作る。
・「いつでも修理券」「ひとことメッセージ」など手縫いのよさ，温かさが伝わるカードを児童に考えさせ，添えて贈りたい。

4　こんなところに留意しよう

チェック柄の大きさが異なる布を用意し，自分の力に応じて布を選ばせる方法もある（好きな布の方がやる気が出るので，児童の実態に合わせる）。

班の中で教え合いができるように班を編制するとよい。90分で，ほぼ全員が1つ作り終える。早い子には2つ目を。次時に2つ目とプレゼントカードを作らせると無理がない。

贈り先は児童の実態を考慮し「家族」に限定しないこと。

128

第2章　実生活に役立つ！題材別・家庭科授業のアイデア50

資　料

ポケットティシュ入れの作り方

〈材料〉

・チェックの布

〈型紙〉

12cm

← 45cm →

①	印を付ける。		チェック柄の大きさを大・小2種類用意して、縫いやすそうな方を選ばせる。
		9cm　　　　　9cm	
②	左端を9cmのところで屏風だたみにする。		左端から9cmのところで折り、さらにその半分を折り返す。折り返した部分は4.5cmになる。
③	右端も②と同様にし、折り目が中心にくるように布と布を合わせる。	中心をぴったり合わせる 9cm	右端も③と同様に9cmのところで折りさらにそれを半分に折り返して、左端の布と合わせる。
④	布全体を2つ折りする。	A　B 9cm　　　B A	全体を2つ折りにし、Bの部分をAの部分に重ねる。
⑤	半返し縫い、本返し縫いで縫う。	←半返し縫い ←本返し縫い	ぬいしろを1.5cmとり、片方を半返し縫い、もう片方を本返し縫いにする。
⑥	布を表に返してできあがり。	できあがり	袋状の部分に親指を入れて、2回ひっくり返すと、表に返すことができる。

	C 快適な衣服と住まい

37 これでバッチリ！ ミシン縫いの指導のコツ

学習指導要領C(3)イ・ウ

所要時間 1時間

ミシン縫いでは，児童が安全に作業できる環境を整えることが肝要です。ミシンは計画的に揃え，調子が悪い時に使える予備のミシンも2～3台用意します。また，楽しく安全に作業できるように，2人組で互いに教え合いながら学習を進めるようにするとよいです。

1 活動のねらい

ミシンを安全に使って布を縫うことができる。 (技能)

2 活動の評価

ミシンの使い方が分かり，安全に楽しく作業を進めているか。

(観察，作品)

3 展開例

①ミシンを使う時の約束を決める。

> ミシンはやさしく扱うこと。作業中の友達に触れないこと。友達の様子をよく見て，ペアで教え合って学ぶことなど。

②からぶみ，から縫いから段階的に練習する。

> すぐに練習布に入るのではなく，ミシンに慣らすことが大事。ミシンに名前を付けさせ友達のようにして扱わせると丁寧に扱える。

③作品を作る。

> 練習がそのまま作品になるような物を縫わせると楽しい。

4 こんなところに留意しよう

ライト付きコンセントを使い，電源のON・OFFが教卓から確認できるようにする。

よそ見をしない，ふざけないなどミシン縫いの約束を決めて徹底する。

学習補助をしてくれる保護者をお願いするとよい。

「ミシンセット」（上糸，下糸，リッパー，糸切りばさみ）を各ミシンに用意するとよい。

ミシンの使い方のビデオを用意し，確かめができるようにするとよい。

「上糸のかけ方」などの作業をカードにして，各ミシンに1セット用意するとよい。

> 資　料

うまくいかない時は，原因に応じて支援をしましょう。

◆針に糸が通らない

原因　・目線が高い。
　　　・針穴が見えにくい。

・目線を針穴と同じ高さにする。
・針穴の後ろに黄色のシールを貼る。

◆上糸の通し方が分からない

原因　・順番がつかめない

・上糸かけの歌で覚える。

　＜でんでん虫のメロディーで＞
　糸かけ　上糸調節装置
　ぐるっと回って天びんさん
　糸かけ　糸かけ
　針の穴

◆下糸の引き出し方

原因　・下糸を引っ張っている。
　　　・はずみ車の回し方が速い。
　　　・上糸を前に引いている。

・上糸は，手にのせる程度に持つ。掴まない。
・はずみ車をゆっくりと回して，針を一番高い位置（針が下りる一歩手前）まで上げる。
・上糸は，まっすぐ上に引き上げる。

◆糸がすぐにからまってしまう

原因　・布を強く押さえている。
　　　・肩に力が入っている。

・手を置かずにから縫いをさせ，手はハンドルに過ぎないことを体で理解させる。
・手はふんわりと。布を押さえこませない。

◆返し縫いを忘れてしまう

原因　・縫い進めることに気持ちが行っている。

・「行って戻ってGO！」と唱えさせる。
・忘れたところだけ後から重ね縫いさせる。

〈作品になる練習例〉

フエルトの鍋敷き
①2枚のフエルトを互い違いに重ねる。
②軽くしつけぬいで2枚の布をとめる。
③直線縫いで好きな模様を描いて縫う。

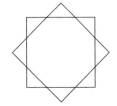

> **C　快適な衣服と住まい**

38　すぐれものの作品集
2回縫えばできあがり！

学習指導要領 C(3)イ・ウ

所要時間　2〜4時間

ミシン縫いができるようになったら，簡単な作品をどんどん作って活用させましょう。まずは，2回縫えばできあがる作品から手を付けてみましょう。いくつかの作品例の中から作りたい作品を選ばせましょう。布も選べるようにすると意欲が高まります。

1　活動のねらい

ミシン縫いで作品を作ることができる。　　　　　　　　　　　　　　　（技能）

2　活動の評価

ミシンの使い方が分かり，安全に楽しく作業を進めているか。(観察，作品)

3　展開例

①作る作品を決め，簡単な計画を立てる。	・計画は簡単に立てさせる。 ・作品の見本を用意しておくとよい。
②作品を作る。	・安全に気をつけながら，2人組で教え合いながら作業を進めさせる。 ・デジカメで作業記録を撮らせるとよい。
③活用してみた感想を発表し合う。	互いにがんばった点，苦労した点などを発表し合い，相互評価させるとよい。

4　こんなところに留意しよう

作り方と完成見本を掲示する。児童が作品を選びやすくなる。

児童の好きな布を選ばせると意欲が高まる。家から持ち寄らせる時には，印が付けやすい薄手の木綿など条件を知らせて家庭に協力を呼びかける。

作りたい作品ごとに班を作り，2人組でミシンを使わせるとよい。

デジカメで毎時間の記録を撮らせておくと，評価に役立つ。

資　料

ブックカバーの作り方

①	外側になる布と内側になる布とをそれぞれ用意する。		布の両端は，7 cm分の折り返しができるように縫い代分1～2 cm長めに切る。
②	外側になる布の両端を始末し（2つ折りして縫う，布用ボンドで留める，ピンキングばさみで切るなど），中表にして7 cm折り返す。		2枚の布が中表になるように布を置く。
③	中心にしおりのリボンを置き，上に内側になる布をかぶせる。		しおりのひもの片方は，ミシンで縫ってしまうことがないように折り曲げておく。
④	上下1 cmの所をミシンで縫う。		はじめと終わりは返し縫い。
⑤	脇から手を入れて布を表に返してでき上がり！		

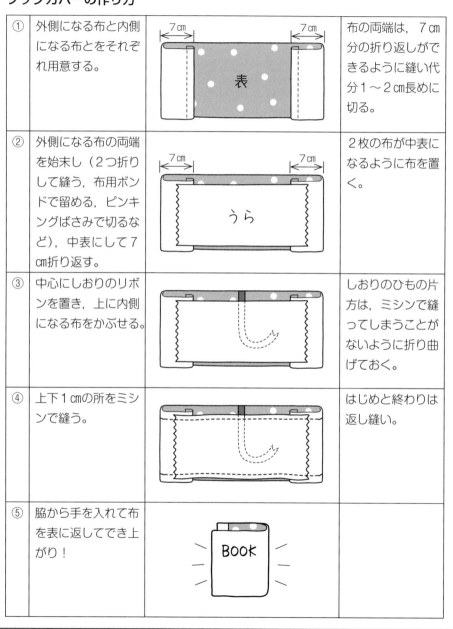

資　料

あずま袋の作り方

①	布をたたむ。		布を3等分し，左右を観音だたみする。
②	ミシンで1本目の印を縫う。		
③	上の布を1枚めくって，2本目の印を縫う。		内側の布をどけて，上下の2枚の布だけをぬい合わせる。
④	布を表に返す。	うら面	
⑤	でき上がり！		

第2章　実生活に役立つ！題材別・家庭科授業のアイデア50

資 料

ポシェットの作り方

①	布を裁って折りたたむ。		布は中表になるように置く。
②	1／3折った方の布端を1㎝折り返す。		
③	リボンを縫い付ける。		後でスナップひもが入るように2㎝間をあけて2本なみ縫い。それを2カ所縫う。
④	ミシンで両脇を縫う。		両方とも布端から1㎝のところを縫う。
⑤	スナップひもを取り付けてでき上がり！		ひもを付けてポシェットにしたり，ベルトを通せるようにするなど工夫する。

135

C 快適な衣服と住まい

39

隠れているのはどこだ？

いざ！家庭科室よごれ探検

学習指導要領 C(2)ア

所要時間 1時間

　快適な住まい方の学習では，どこにどんなほこりや汚れがついているのか家庭科室を調査する活動が有効です。どの子もわくわくと取り組みます。そしてたくさんの発見をし，住まい方に関心をもちます。安全に十分注意してじっくりと「探検」させましょう。

1　活動のねらい

住まいの汚れや汚れの付き方，汚れ方に関心をもつ。　　（関心・意欲・態度）

住まいの汚れの種類や汚れ方を理解する。　　　　　　　　（知識・理解）

2　活動の評価

家庭科室の汚れの種類や汚れ方を進んで調べ，発見しているか。

（観察，作品）

3　展開例

①毎日掃除をするのはなぜかを考える。

・「みんなはどこを掃除している？」
・「毎日掃除するのになぜ汚れるのかな？」
→教室に暗幕を張り，スポットライトを当てると，空気中のほこりが可視化できる。

②家庭科室探検をする。

高い所に上らないなど安全には十分に注意させる。

③調べて分かったことを発表し合う。

・汚れには，軽い汚れ（綿ぼこり）や重い汚れ（砂ぼこり），水で落とせる汚れや油汚れがある。
・「通風」の悪い場所にほこりがたまることにも気づかせる
→換気の必要性の学習へ。

4　こんなところに留意しよう

　導入では，スポットライトで空気中のほこりを可視化したり，ダニの拡大写真を掲示すると効果的。

　活動する前に約束を決めておき，児童の安全には十分に注意すること。

　ほこりのたまる場所は，「通風の悪い場所」であることに気づかせるようにする。

第2章　実生活に役立つ！題材別・家庭科授業のアイデア50

ワークシート

かくれているのはどこだ？
いざ！家庭科室よごれ探検

年　　組　　番（　　　　　　　　　）

☆家庭科室には，どんなよごれがかくれているだろう？
　セロテープの両はしを持って，そうっとよごれにくっつけてみよう。
　取れたよごれをワークシートにはり，気がついたことを記入しよう。
☆「よごれ度」を色ぬりしよう→ひどいよごれ／目立つよごれ／軽いよごれ

| 赤 | | 黄 | | 緑 |

よご れ度	場　　　所	セロテープ をはる	気　づ　い　た　こ　と
□			
□			
□			
□			
□			

137

> C 快適な衣服と住まい

40 秘伝！ぞうきんの術をマスターしよう

> 学習指導要領 C(2)ア
>
> 所要時間　20分

ぞうきんには，4つの使い方があるのをご存じですか？清掃の学習では，ぜひこれを採り上げてください。汚れに応じた清掃の仕方を会得するよい手立てになります。

また，場所によって水拭きができない所があることも必ず学習しておきましょう。

1 活動のねらい

汚れに応じてぞうきんを使い分けることができる。 (技能)

2 活動の評価

汚れに合わせてぞうきんを使い分けたり，絞ったりしている。 (観察)

3 展開例

①ぞうきんのしぼり方を互いに見合う。

腕を胸の前に持ってきてからぐんと伸ばす。この時にぞうきんをしぼる。ひじの曲げ伸ばしの力を利用してしぼる。手首でしぼるのではないので注意。

②ぞうきんの4つの使い方を練習する。

班でそれぞれの家の窓の開け方の問題点を探して改善案を作る。

③教室内を汚れに応じて水拭きする。

水拭きができない場所（黒板，電化製品，家具，フローリングの床，白木の部分）を押さえてから活動させる。

4 こんなところに留意しよう

ぞうきんは，腕の力で絞るのではなく，ひじの屈伸を利用して絞ることをつかませる。

水拭きできない場所については，児童に予想させてから指導する。

濡らし拭きは，玄関のドアなど教室外で体験させるとよい。

第2章　実生活に役立つ！題材別・家庭科授業のアイデア50

ワークシート

秘伝！ぞうきんの術をマスターしよう！

年　　組　　班（　　　　　　　　　）

◆4つの「ぞうきんの術」を使って，教室や学校の掃除をしてみよう。

　4つできたら，「合格」の印を先生にもらおう。

No.	ぞうきん	対応するよごれ	ふいた場所
①	ぬらしぶき ＊ぞうきん全体に水をたっぷりつけてふく。	どろよごれ すなぼこり こびりついたよごれ	
②	固しぼりのぬれぞうきん ＊ぞうきんを水でぬらし，堅くしぼってふく。	水ふきできる場所のよごれすべて	
③	しめりぶき ＊ぞうきんの1／3を水でぬらしてしぼり，乾いた部分でくるんで使う。	畳 鏡や水道のじゃ口 水ぶきできる家具 ほこり 軽いよごれ	
④	からぶき ＊水にぬらさずにふく。	電化製品や家具 フローリングの床 白木の部分など 水ぶきできない所	
気づいたこと・分かったこと			合格の印

139

C　快適な衣服と住まい

41 あったかアドバイザーになろう

学習指導要領C(2)イ

所要時間　2〜3時間

　冬の暖かい住まい方では，衣服も住まいも「空気」が温かさを保つカギであることをつかませます。このことは，ダウンジャケットと住まいの断熱材とを比較させるとよくつかめるようになります。熱の伝導や対流など理科と関連づけた学習を展開しましょう。

1　活動のねらい

自然を生かした暖かい着方・住まい方に関心をもつ。　　（関心・意欲・態度）

暖かい着方，住まい方が分かる。　　　　　　　　　　　　　（知識・理解）

2　活動の評価

自然を生かした暖かい住まい方について進んで探究している。

（観察，作品）

3　展開例

①寒い時，どうしているか発表し合う。

> 「重ね着」「マフラーを巻く」などの意見が出るので，実際にその格好をさせて説明させるとよい。

②「指令書」を基に，体験活動を行う。

> ①で「感じたこと」を実験で調べてみよう。教室も場所によって暖かさが違うのか調べてみよう，と投げかける。

③分かったことを発表しあい，「あったかアドバイス」を提案する。

> ・体験から何が分かったか互いに交流することが大切。
> ・図や表を使って，自分たちの案を説明させるとよい。

4　こんなところに留意しよう

　③の活動は宿題にする方法もある。住宅用断熱材はホームセンターで，サーモテープや放射温度計は教材店で購入し，天井や壁の温度を測ると効果的。

140

第2章　実生活に役立つ！題材別・家庭科授業のアイデア50

ワークシート

いざ！家庭科室暖かさ探検

年　組　番（　　　　　　　　）

◆実験1　軍手と毛糸の手袋を左右それぞれにはめて，暖かさを比べてみましょう。暖かく感じたのはどっちでしたか？

◆実験2　ペットボトルAに袋を1枚かぶせ，Bには2枚かぶせて60度のお湯を入れ，それぞれの湯の温度を5分おきに記録しましょう。

（☆時間があったらグラフにしてみましょう。）

経過時間	5分後	10分後	15分後	20分後
1枚かぶせた物				
2枚かぶせた物				

◆実験3　教室の中で一番暖かい所はどこだろう？
　　　　温度を測ってみましょう。

場　　所	温　　度	場　　所	温　　度
床近く		入口近く	
自分の席		窓のそば	
天井近く		廊下のそば	

＊床や天井近くの温度は，放射温度計またはサーモテープで調べましょう。

◆実験1～3で分かったことや気がついたことを書きましょう。

◆**あったかアドバイザーになろう！**

（　　）班：メンバー（　　　　　　　　）

暖かくするにはどうしたらいい？アドバイスを書きましょう。

141

C　快適な衣服と住まい

42　通風実験装置を作ろう

学習指導要領C(2)イ

所要時間　2時間

　自然を生かした快適な住まい方の学習では，「通風」がカギになります。このことを理解させる上で，操作的な活動は大変有効です。ここでは，ペットボトルを使って簡単にできる実験装置の作り方を紹介します。教室の窓を使った通風実験と併せて活用してください。

1　活動のねらい

効果的な通風の仕方を工夫すると，涼しくできることが分かる。

（知識・理解）

2　活動の評価

効果的な通風の仕方を進んで調べている。

（観察）

3　展開例

①窓をどう開けると涼しくなるか予想する。

A 向かい合った窓
B 対角線上に向かい合った窓
C 対角線上の上下の窓
D 対角線上の同じ高さの窓

②実験を行う。

2人組になり，AとB，CとDをそれぞれ分担して，実験蔵置の窓を同時に操作する。

③分かったことを発表し合う。

実験装置を操作して分かったことを教室の窓を使って，再度，体で実感させるとよい。

4　こんなところに留意しよう

　煙発生装置が市販されているが，使う場合は換気に十分気をつける。

　児童にインセント（三角錐型のお香）を使わせる場合は，ペットボトルにお香を近づけないように十分注意させる。

　実験は，班ごとに取り組む方法もある。

第2章　実生活に役立つ！題材別・家庭科授業のアイデア50

資　料

実験装置の作り方

〈材料〉

・1.5L のペットボトル2つ

・インセント（三角錐型のお香）

・金属製の板（お菓子の缶のふたなど）

手順	作り方	
①	切り取る	ペットボトルの底を切り取る。
②		カッターでコの字形に切り込みを入れ，同じ大きさの窓を4カ所（対面する窓を上下2カ所），開ける。
③		窓の一辺にセロテープを輪にして貼り付け，開け閉めするための持ち手にする。

143

C　快適な衣服と住まい

43 においは換気　涼しいのは？
通風プランナーになろう！

学習指導要領C(2)イ

所要時間　1時間

昔の和式トイレは，小窓と換気塔のセットでにおいを外に追い出していました。換気には空気を取り入れる吸気口と追い出す排気口とが必要です。通風もしくみは同じです。窓を開けさえすれば涼しくなるわけではありません。効果的な開け方を考えてみましょう。

1　活動のねらい

効果的な通風の仕方を工夫すると，涼しくできることが分かる。

(知識・理解)

2　活動の評価

効果的な通風の仕方を進んで調べている。

(観察)

3　展開例

①換気，通風のしくみを知る。
> 和式のトイレには，自然の換気扇が付いていた。下の小窓（吸気口）があり，上に換気塔がついていて，風を受けてカラカラ回って排気していた。

②涼しい家にするにはどうしたらよいか考える。
> 班でそれぞれの家の窓の開け方の問題点を探して改善案を作る。

③分かったことを発表し合う。
> 風の通り道ができているか，各班の提案を全員で確かめる。

4　こんなところに留意しよう

各班の改善策を一斉に黒板に貼り，全員で検討するとよい。

改善策の発表の際には，風の通り道を矢印などで示させると分かりやすい。

吸気口や換気口は，窓だけでなくドアを開けることなどでも作ることができることを補足する。

第2章 実生活に役立つ！題材別・家庭科授業のアイデア50

ワークシート

通風プランナーになろう

年　　組　　班（　　　　　　　　　）

　下のそれぞれの家には窓がついているのですが，夏は暑くて仕方ないので，窓を付け替えようと思っています。みなさんが通風プランナーになって，どこにどう窓を付けたらよいか提案してください。＊夏の風は，おもに南から北に向かって吹いてきます。

No.	家のようす	問題点	改善策
①	窓は1つだけ付いている。 風　北 南		
②	南側の窓は大きいが，北側は小さい。 風　北 南		
③	南側の窓は小さいが，北側は大きい。 風　北 南		
④	窓が東西についている。 風　北 南		
⑤	部屋の真ん中に仕切りがある。 風　北 南		

145

C 快適な衣服と住まい

44 夏子さんにアドバイス
「涼しさ」を調べてプレゼンしよう

学習指導要領 C(2)イ

所要時間 2時間

今や夏の一時期，日本中が酷暑に見舞われます。すぐにクーラーをつけたくなるところですが，その前に自然を上手に生かす方法も工夫させたいところです。ここでは，ある家族からのお悩みに答えるという設定で体験活動をし，自分たちの意見をまとめます。

1 活動のねらい

クーラーと自然を生かして涼しくする工夫との違いやそれぞれの取り入れ方を理解する。 （知識・理解）

2 活動の評価

クーラーと自然を生かした涼しみ方のそれぞれの特徴を進んで調べ，自分なりに意見を述べている。 （観察，ワークシート）

3 展開例

①夏子さんの手紙を基に意見交換する。

夏子さんの手紙を読んで感じたことを話し合う。
初発の自分の意見を書く。

②班ごとに体験的な活動を行う。

それぞれの長所，短所，使うときに必要な工夫を班で話し合いながらコーナーを回る。

③班としての意見を発表し合う。

体験した後の自分の意見を書く。
班としての意見は，「賛成」「条件付き賛成」「反対」のいずれかを短冊に書いて示しながらその理由を発表する。

4 こんなところに留意しよう

体験を通して自分なりの意見を持つことを大事にしたい。

夏子さんと自分の家庭生活とを比較して考えさせる。

すだれでは，すだれの外と中では見え方が異なることを体験させる。

すだれに霧を吹いた後，放射温度計で計ると，温度低下が観測できる。

146

第2章　実生活に役立つ！題材別・家庭科授業のアイデア50

ワークシート

夏子さんにアドバイス！
「涼しさ」を調べてプレゼンしよう

年　　組　　班（　　　　　　　　　）

みなさんこんにちは。わたしは夏子といいます。小学6年生です。うちは，おばあちゃんと父母，4年生の弟と私の5人家族です。最近，うちはクーラーのことでもめて困っています。弟は家に帰るとすぐにクーラーをつけます。でも，おばあちゃんは，足が冷えるからいやだと言います。弟は，クーラーを付けないと涼しくできないと言い張っています。みなさんはどう思いますか？　クーラー以外に涼しくするよい方法があったら教えてください。また，皆さんの家でクーラーの使い方で工夫していることがあったら教えて下さい。

◆「クーラーをつけないと涼しくできない」という弟の意見に賛成？反対？「条件付き賛成（反対）」？　○の中に色をぬって，その理由を書きましょう。
　＊賛成…緑　　条件付き・反対・賛成…黄色　　反対…赤で色をぬりましょう。

授業の初めの意見	○	
授業の終わりの意見	○	

◆それぞれの長所と短所を探して，書き込みましょう。

体験する物	長所	短所	感じたこと
クーラー			
ござ			
すだれ			
うちわ			
日陰			
風通し			
◆班の意見　○	〈夏子さんへのアドバイス〉		

147

D　身近な環境と消費生活

45 失敗の原因を分析してみよう

学習指導要領Ｄ⑴ア・イ

所要時間　1時間

買い物には，必要で購入する物と楽しみやほしいという気持ちで買う物とがあります。児童はいずれの買い物でも失敗をけっこうたくさんしているようです。その経験を生かして，次にどう行動したらよいかを自分で考えられる学習を展開しましょう。

1　活動のねらい

自分の買い物の失敗の原因に気づき，自分なりに改善を考えることができる。

(創意工夫)

2　活動の評価

なぜそうしたのか理由を考え，進んで改善策を考えているか。

(観察，ワークシート)

3　展開例

①買い物で失敗した物と理由を付箋に書く。

> 実物を持って来ると，話がはずむ。

②失敗した物はA〜Dのどれに当たるか考えて付箋を貼る。

> それはどんな買い物だったのだろう？
> 当てはまる場所に付箋を貼ろう。
>
> ```
>              ほしい物
>        ┌─────┬─────┐
> 値段が │  B  │  A  │ 値段が
> 安い   ├─────┼─────┤ 高い
>        │  C  │  D  │
>        └─────┴─────┘
>              必要な物
> ```

③考えた改善策を発表し合う。

> キーワードを短冊に書いて発表すると楽しい。

4　こんなところに留意しよう

買いに行く前にできることも考えさせると改善策の幅が広がる。

キーワードには，「余分なお金を持ち歩かない」「自分に聞く（本当にほしい？）」「比べる」など簡単な言葉で表現させる。

短冊を一同に掲示すると楽しい。

148

第2章　実生活に役立つ！題材別・家庭科授業のアイデア50

資　料

付せんの例

おまけつきのチョコ

食べる前に賞味期限が切れた

おまけがすぐに壊れた

同じものをまた買ってしまった

同じ値段でもう少し量の入った
チョコを買えばよかった

見た目ほどおいしくなかった

ワークシート

失敗の原因を分析してみよう

年　　組　　班（　　　　　　　　　）

◆買い物で失敗したと思ったもの，その理由，どうしたかったかを付せんに書き
　ましょう。

〈書いた付せんをはっておきましょう〉	〈書いた付せんをはっておきましょう〉

◆班の友達からのアドバイス

◆今日の授業で分かったこと・思ったことを書きましょう。

149

D　身近な環境と消費生活

46 デシジョンツリーで考えよう
きみなら買う？買わない？

学習指導要領D(1)ア・イ

所要時間　1時間

　身近な物の選び方，買い方の学習は，上手な買い物の技能だけではありません。そもそもそれを買う必要があるのかどうかという検討と意思決定も大切です。ここでは，意思決定のための具体的な技法を学び，話し合い，自分の考えを表現する学習を行います。

1　活動のねらい

物を買うかどうかを多面的に検討し，意思決定することができる。（技能）

2　活動の評価

意思決定した根拠に基づいて説明することができるか。

(観察，ワークシート)

3　展開例

①特売品についての情報を知る。

「本日限り！600円の品が半額！わずか300円。残りあと1つ！」という広告のついたノート2冊とキャラクター鉛筆3本と消しゴムの袋入りセットを提示する。

②デシジョンツリーを使い各自でどうするか考える。

買う・買わないそれぞれの利点と欠点，使う可能性の割合とを考えて，自分の考えを決める。

③班で話し合い，結論を短冊に書いて発表する。

短冊に「買う」または「買わない」と表記し，「わたしたち○班では，〜なので，買います（買いません）」と発表し合う。

4　こんなところに留意しよう

どちらかといえば「買う」または「買わない」という決め方でよい。

班としての意見がまとまらない場合は，「決められませんでした」でよい。

その場合も，理由は言わせる。全班の発表を聞いた後，再度自分の意思決定をワークシートに記入させよう。

第2章 実生活に役立つ！題材別・家庭科授業のアイデア50

ワークシート

きみなら買う？買わない？

年　組　班（　　　　　　　）

◆近くの文房具屋に，次のような広告がはり出されていました。

> 本日限り！
> 通常600円の品が，半額の300円！
> 残りあと１つ！（早い者勝ちです！）

〈今の気持ちに〇をつけましょう〉	〈発表を聞いた後の気持ちに〇を付けましょう〉
買う　　　買わない	買う　　　買わない
〈理由〉	〈理由〉

◆今日の授業で分かったこと・思ったことを書きましょう。

◆デシジョンツリー

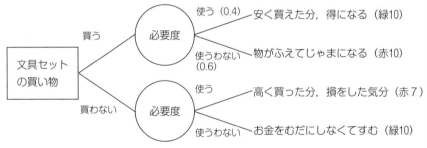

＊①最後の結果を自分としてはどれくらいのものとして評価するか決める。（10点満点）
　（例：「安く買えた分，得になる」を緑10，「物が増えてじゃま」を赤10にする）
②「使う」，「使わない」の予想される割合を決める。（「使う」0.4，「使わない」0.6）
③　①×②を計算し，緑から赤の点を引く。緑が多ければ利点大，赤が多ければ欠点
　　大。（例：「買う」は，0.4×10＝緑4　0.6×10＝赤6→赤6―緑4だから欠点大）
④計算だけでなく，最後は自分の気持ちで決める。

D　身近な環境と消費生活

47　KJ法で考えよう
おみやげの買い物名人はだれ？

学習指導要領 D (1) イ

所要時間　1時間

　身近な物の選び方，買い方の学習では，情報を集め，それらを比較し，目的に合った物を選択，購入するまでの情報活用力を「技能」として評価します。それには，児童全員が共通の買い物体験をする遠足や宿泊行事でのおみやげの買い物は，うってつけの機会です。

1　活動のねらい

　商品にまつわる情報を多面的に検討し，目的に合ったものを適切に購入できる。　　　　　　　　　　　　　　　　　　　　　　　　　　　　　　　　　（技能）

2　活動の評価

　複数の情報を比べ，目的に応じた物を根拠をもって選んでいるか。

（発言，ワークシート）

3　展開例

①買った品物の空き箱などを持ち寄る。

あらかじめ，遠足や宿泊行事で買った品物の値段やレシートをワークシートに添付させておく。また，空き箱などを持ち寄る。

③品物を選ぶ時に考えたことを発表し合う。

「見た目」「値段」「量」など。自由に発表する。出た意見をKJ法で分類する。

②友達の意見を基に自分の情報の活用の仕方を振り返る。

賞味期限と消費期限の違いや品質表示にある食物アレルギーについての表示など児童が気づかない情報は補足する。

4　こんなところに留意しよう

　見た目，値段，量の3つだけを見て品物を選んでしまう児童が多い中，量についても1つ当たりの単価などを比較して選んでいる子どももいる。互いに学び合うことで，多角的に情報を集めようとする姿勢を育てたい。

第2章　実生活に役立つ！題材別・家庭科授業のアイデア50

ワークシート

おみやげの買い物大作戦

年　　組　　番（　　　　　　　）

◆こんなおみやげ買おうかな

だれに	どんな物を	いくらくらいで	今，考えていること
おこづかい（予算）		円	

◆おみやげの買い物記録

買った品物	値段	レシートをはりましょう
合　　計	円	
残　　金	円	

◆買う時に考えたこと・後で気づいたこと・思ったこと

153

D　身近な環境と消費生活

48 品質表示を作って
寒天ゼリーパーラーを開こう！

学習指導要領D(1)イ

所要時間　4時間
（発展的な内容）

買い物の際に「品質表示」を確かめる児童は少ないのが現状です。そこでここでは，自分で品質表示を書いて貼る作業を行い，お店屋さんごっこも楽しむ学習を展開します。作るのは寒天ゼリー。冷蔵庫無しで15分程で固まるので，作ってすぐに楽しめます。

1　活動のねらい

品質表示に関心をもつ。　　　　　　　　　　　　　　　　（関心・意欲・態度）

品質表示の意味と大切さが分かる。　　　　　　　　　　　　　（知識・理解）

2　活動の評価

品質表示の意味を理解して，その内容を書くことができたか。

（ワークシート）

3　展開例

①「品質表示」がなかったらどんなことが困るかを考える。

> 実際の品質表示を見せて，何が書かれているのかを調べさせてから発問する。

> 調理実習する寒天ゼリーの品質表示を書く。

②品質表示の書き方を知る。寒天ゼリーの試し作りをする。

③品質表示を付けて寒天ゼリーパーラーを開く。

・牛乳，ジュース，果物（缶詰）を材料とした寒天ゼリーを各班で工夫する。
・製氷皿で固めるので1個の分量は少ない。
・自分の班のゼリーの他に1人3つの買い物ができるようにする。
・お金の代わりに「お客様の声カード」を渡し，ゼリーを買ったお客に「品質表示カード」を渡す。ゼリーを手渡すのは最後。

4　こんなところに留意しよう

ゼリーは，当日作る（休み時間に作っておけるとよい）。

ゼリーは，カードでの売り買い終了後，「お客様の声カード」で確認しながら手渡す。

154

第2章 実生活に役立つ！題材別・家庭科授業のアイデア50

ワークシート

寒天ゼリーを作ろう

年　　組　班（　　　　　　　）

〈材料〉12人分
・粉寒天4g（棒寒天なら1本）
・水……400ml
・牛乳や果汁……200ml
・砂糖……80g
・果物など……適宜

〈作り方〉
①水400mlと粉寒天4gを鍋に入れ沸騰後
　2分間，よく煮溶かす。
②①に砂糖80gを加える。
③さらに牛乳や果汁などを200ml加える。
④水で濡らした製氷皿に寒天液を注ぐ
⑤10分ほど室温のままに置く。
⑥型からはずして盛りつける。

〈品質表示を書きましょう〉

名称	
原材料名	
内容量	
賞味期限	
保存方法	
製造者	

◆今日の授業で分かったこと・思ったことを書きましょう。

ワークシート

お客様の声カード

班さんへ

◆このゼリーをお買い上げになった理由やご感想をお書きください。

◆特によくごらんになった表示に〇をつけてください。
・名称　　　・原材料名　　　・内容量　　　・消費期限

・保存方法　・製造者

年　　組（　　　　　　　）より

155

D　身近な環境と消費生活

49 エコポイントをためて お祝いしよう

学習指導要領 D(2)ア

所要時間　2時間＋α

環境に配慮した生活の工夫は，家庭科の全ての内容で関連づけて学ばせたい事柄です。
行動をチェックして反省する方法ではなく，目標や内容を自分たちで決め，実行できた
らポイントがたまるしくみにします。目標点までたまったらお祝い！エコは楽しく！

1　活動のねらい

環境に配慮した生活の仕方を工夫することに関心をもつ。

(関心・意欲・態度)

環境に配慮した生活の仕方を自分なりに工夫することができる。

(創意工夫)

2　活動の評価

環境に配慮した生活の仕方を自分なりに工夫しているか。

(観察，ワークシート)

3　展開例

①環境に配慮する必要があ
ることを知る。

> 家庭から出るごみや生活排水など生活環境の問題をグラフな
> どを使って伝える。

②家庭科で取り組む内容と
目標点を話し合う。

> 調理実習でできることから考えていくと取り組みやすい。全
> 員できたら10ポイントなどポイントと目標点を決めていく。

③各題材の終わりにエコポ
イントを計算する。

> ・できなかった人やできなかったことをマイナスにとらえる
> のではなく，目標のレベルを下げるかどうか考えさせ，決
> める→守れる→できるの循環をつくるようにする。
> ・目標点までいったら，お祝いパーティーを！

4　こんなところに留意しよう

目標はなるべく具体的に。「水を大切に」×→「水は鉛筆の太さで出す」○
班ごとに10点満点で採点する。その際，理由も言えるようにする。

156

第2章　実生活に役立つ！題材別・家庭科授業のアイデア50

ワークシート

エコポイント　調理実習「　　　　　　」編

年　　組　　番（　　　　　　　　）

〈エコポイント〉

- ・全員がバッチリできた→3点
- ・半分くらいの人ができた→2点
- ・少しだけできた→1点
- ・できなかった→0点

クラス目標

ポイント

◆みんなで取り組むこと

	水道のじゃぐちをこまめにしめる	食べられるぎりぎりまで材料を使う	鍋の底をふいてから火にかける	油汚れは，へらで落としてから洗う	残さず食べる
1					
2					
3					
4					
5					
6					
7					
8					
合計					
クラスの合計					ポイント

D 身近な環境と消費生活

50 エコすごろくを作ろう

学習指導要領 D(2)ア

所要時間 2時間

環境に配慮した生活の工夫には，さまざまなものがあります。児童はどのような事柄に取り組んでいるのでしょうか。ここではこうした児童の生活の知恵をビンゴゲームで集め，それらをすごろくに仕立てて，ゲームを楽しみながら生活への実践意欲を高めていきます。

1 活動のねらい

環境に配慮した生活の仕方を工夫することに関心をもつ。

(関心・意欲・態度)

環境に配慮した生活の仕方を自分なりに工夫することができる。

(創意工夫)

2 活動の評価

環境に配慮した生活の仕方を考え，進んですごろく作りに取り組んでいるか。

(観察)

3 展開例

①環境に配慮した生活の仕方をビンゴカードに書く。

> ①ビンゴカードのます目1つに1つずつ全部で9個の工夫を各自が書く。
> ②1人1ますずつ書いた事柄を読み上げる。同じ内容だったら〇を付ける。
> ③縦横斜めに〇がそろったら「ビンゴ!」

②出された項目を3Rに分ける。

> ざっとリユース・リデュース・リサイクル・その他に分ける。さらに工夫に気がついたら追加するように話す。

③3Rすごろくを作る。

> ①スタートとゴールの場所を決め，それをつなぐルートの線を引く。
> ②各自がプラス（駒が進む），マイナス（駒が下がる）各4枚の札を書く。
> ③札をルートに並べて貼る。駒は消しゴムで。

4 こんなところに留意しよう

ビンゴゲームでは，最後に残った数（人とは違う工夫を考えた数）で競う。

158

第2章 実生活に役立つ！題材別・家庭科授業のアイデア50

ワークシート

エコビンゴカード

年　組　番（　　　　　　　）

資　料

エコすごろくの作り方

〈材料〉
- ミニ折り紙（7.5cm角　50枚入り）3組（学級の人数に応じて）
- 4つ切りの画用紙2枚（ひと班分）×班の数
- サイコロ（班の数）
- サインペン（黒色を人数分）とカラーマジック1セット（各班に）
- のり（各班に）

〈作り方〉
①スタートとゴールの位置を決め，ルートを描く

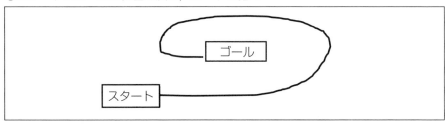

②各自が書いた札（ミニ折り紙）を適当に並べて，のりで貼る。

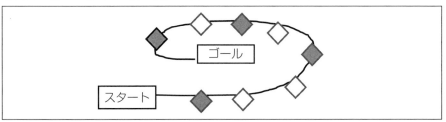

159

【著者紹介】

勝田　映子（かつた　えいこ）

東京学芸大学卒業。お茶の水女子大学大学院人間文化創成科学研究科博士前期課程修了。
東京都内公立小学校に勤務。
平成16〜26年筑波大学附属小学校家庭科専科。
平成26年帝京大学教育学部講師。
平成27年帝京大学教育学部准教授。

スペシャリスト直伝！
小学校家庭科授業成功の極意

2016年4月初版第1刷刊　©著　者	勝　　田　　映　　子	
2020年1月初版第5刷刊　　発行者	藤　　原　　光　　政	
発行所	明治図書出版株式会社	
	http://www.meijitosho.co.jp	
（企画）杉浦美南・木村悠　（校正）広川淳志		
〒114-0023　東京都北区滝野川7-46-1		
振替00160-5-151318　電話03(5907)6702		
ご注文窓口　電話03(5907)6668		
＊検印省略　　　　組版所	藤　原　印　刷　株　式　会　社	

本書の無断コピーは，著作権・出版権にふれます。ご注意ください。

Printed in Japan　　　　　ISBN978-4-18-135720-7
もれなくクーポンがもらえる！読者アンケートはこちらから →